LE VENT DU NORD

S. BEAUFILS
01.03.94

Tarjei Vesaas

LE VENT DU NORD

Traduit du norvégien
par Mme Metzger

La Table Ronde
7, rue Corneille, Paris 6e

Titre original : *Vindane.*

ISBN 2-7103-0579-8

Une littérature de l'abîme

A première vue, il pourrait sembler judicieux de ranger Knut Hamsun et Tarjei Vesaas (1897-1970), les deux plus grands écrivains norvégiens du XXe siècle, dans le même sabot : les hymnes à la nature, l'éloge de l'amour et la célébration des épiphanies du quotidien paysan traversent en effet leurs éternelles histoires de fermiers et de vagabonds des grands espaces.

Toutefois, leurs démarches et leurs conclusions s'opposent assez vite. Là où Hamsun vibre d'orgueil et s'enthousiasme pour l'individu contre les masses, Vesaas défend la solidarité collective avec le lyrisme d'un Camus qui viendrait du Grand Nord. Mais la solidarité, ici, n'a rien à voir avec les bons sentiments. Elle n'est pas non plus un discours politique. C'est une condition nécessaire et brutale de la survie sous les latitudes que décrit Vesaas. Peut-être parce que la nature y dissimule toujours une menace.

Nous sommes cependant à mille lieues de l'épopée rurale ou des ballades au coin du feu de nos écrivains régionalistes. Dans les romans et les nouvelles de Vesaas, la mort, le plus souvent violente, ou la folie furieuse surgissent sans prévenir au détour d'un chemin. Contraste saisissant : l'auteur nous promène dans des décors de rêve ou de labeur tranquille, entre des gaillards solides et des petites filles modèles, avant de nous faire entrevoir quelques-unes des plus sombres virtualités de l'homme. Le diable rôde jusque sous la magnifique lumière boréale, semble vouloir nous dire Vesaas, et, s'ils n'y prennent garde, les hommes dégringolent dans les gouffres qui s'ouvrent en eux. Entre-temps, la paisible chronique paysanne que nous croyions lire est devenue littérature de l'abîme.

Ecrivain sans histoire pour les biographes, surtout connu pour ses magnifiques romans que sont Palais de glace, Les Oiseaux *et* Le Germe, *Tarjei Vesaas est aussi l'auteur de poèmes au lyrisme retenu, et de quatre recueils de nouvelles où le réalisme voisine souvent avec l'allégorie. Dans* Le Vent du nord, *qui obtint le Prix Venise en 1952, on retrouve tout l'art et la manière du Vesaas de la maturité. C'est-à-dire un parfait équilibre entre réalisme, symbolisme et fantastique, sobriété et lyrisme, espoir et pessimisme.*

JEAN-RENÉ VAN DER PLAETSEN.

N.d.É. — Le lecteur pourra utilement se reporter au cahier *Plein Chant* (nº 25-26, juillet-août 1985), dirigé par Régis Boyer, entièrement consacré à Tarjei Vesaas (*Plein Chant*, 16120 Bassac).

LA FOURMI INTRÉPIDE

Sa demeure était vaste. Elle se trouvait du côté ensoleillé d'un sapin. Derrière s'étendait la forêt sombre, mais elle était au soleil, et avait été construite par quelqu'un qui connaissait son affaire ; quelqu'un qui avait réfléchi, et disposé en croix les deux premières brindilles. A présent sept cents portes s'ouvraient de l'intérieur vers la lumière.

La vie grouillait devant ces portes : on y entrait en portant nourriture et matériaux de construction ; on en sortait en quête de plus de nourriture et de plus de bois. Les fourmis peinaient tant, qu'à la fin les griffes de leurs pattes antérieures, arrachées, gisaient sur le champ de travail. Elles besognaient dans les maigres buissons de myrtilles, qui poussaient autour de la fourmilière.

Entre les tiges des buissons le sol était dénudé par l'incessant va-et-vient des ouvrières. On entendait le faible bruissement d'innombrables pattes de fourmis, dès que le temps était chaud. Il montait du monticule une aigre odeur d'acide formique et la fourmilière était entourée d'une sorte de couronne d'herbes vertes et savoureuses. Toutes ses habitantes étaient intrépides : tant qu'il leur restait un souffle de vie, elles se bousculaient à qui serait la première dans les entreprises les plus hasardeuses.

Souvent elles revenaient au logis la carapace du thorax

ou de l'abdomen percée de trous, mais elles ne s'en souciaient pas. La seule chose qui pût les abattre, c'était la pluie.

Par temps de pluie, le calme régnait dans la fourmilière ; elle était comme morte. Il ne restait qu'une ou deux fourmis à la porte, remuant à vide leurs mandibules. Mais, dès la première éclaircie, tout était, à nouveau, activité et énergie.

Or, il arriva, un matin, de bonne heure, que, dans la bousculade, l'une des fourmis reçut un coup sur la tête, pendant qu'elle s'affairait. Mais elle n'en fut pas découragée pour autant : elle se contenta de se secouer un peu, et se montra plus intrépide que jamais. Elle fit claquer davantage ses mandibules en tournant un peu sur elle-même.

L'espace d'une seconde elle fut sur le point de rentrer dans la fourmilière pour se remettre d'aplomb, car, tout au fond, il y avait certainement les choses les plus diverses, et jamais, en temps ordinaire, la fourmi n'avait le temps de pénétrer aussi loin. Elle se déchargeait devant la porte de son butin de nourriture ou de matériaux de construction. Mais, à présent...

Cependant, réflexion faite, la fourmi fit volte-face.

La fourmilière était trop petite. Le soleil flamboyait ; il fallait aller vers le soleil. Peut-être de la sorte serait-elle en mesure de reprendre des forces.

Pour s'assurer qu'elle était bien valide, elle se prit de querelle avec deux de ses congénères, et les coupa en deux avec ses mandibules ; puis, elle poursuivit sa route.

Il avait plu, dans la nuit. Partout la nature s'éveillait. Le disque du soleil venait d'apparaître au-dessus de la montagne. La fourmi, obéissant à cet appel, descendit du sommet de la fourmilière. Personne ne l'arrêta : qui donc en aurait eu le temps ? D'ailleurs, mille autres fourmis sortaient aussi de leur demeure ; leur but, à elles, était de rapporter nourriture et bois de construction à la fourmilière. Tel n'était pas celui de notre héroïne.

Elle rencontra des compagnes de travail, qui déjà s'en retournaient à la maison, revenant des prés, des bruyères couvertes de rosée. Elles avaient l'air un peu las ; leur corps mouillé les empêchait de se mouvoir rapidement. Elles ramenaient un lourd butin. Tandis que notre fourmi, sortant de la fourmilière, était pleine d'entrain.

Elle était sèche, maigre, intrépide. Elle faisait front contre ce qui allait se présenter devant elle. L'ennemi était partout. Elle aspira l'air. Celui de la fourmilière était aigre et renfermé. Mais, dehors, l'air était presque trop doux. Bon pour les enfants ! Il y avait de quoi se mettre en colère.

La fourmi se mouilla les pattes dans la rosée, qui n'avait pas entièrement disparu, mais elle poursuivit quand même son chemin.

Dans les bruyères, qui entouraient la fourmilière, elle rencontra nombre de ses compagnes de travail. Toutes s'étaient mises en chasse dès le petit matin. Elles portaient ou traînaient leur butin. Leurs richesses s'accroissaient. L'une d'elles traînait un puceron, dont elle s'était emparée; elle avançait vite, le corps raidi. Derrière elle, une de ses camarades traînant une autre fourmi, tuée par celle qui avait capturé le puceron lactogène. On allait la dévorer ; elle n'était plus bonne qu'à cela. Les deux triomphatrices ne regardaient ni à droite, ni à gauche.

L'intrépide fourmi venait de manger, de sorte qu'elle n'avait pas envie de dépouiller les autres de leur proie, et elle continua tout simplement sa route.

Les objets les plus divers passèrent devant ses yeux. Elle entra dans une forêt d'herbes hautes et aperçut un petit moustique, tout nu, plongé dans ses réflexions... La fourmi le saisit et le mangea. Quelle maigre et misérable nourriture ! Mécontente, la fourmi allongea le pas.

Mais voici un aliment plus savoureux : un ver rose. La fourmi enfonça ses mandibules dans la chair, qui se tordit sous la morsure. Le ver résista cependant, et la fourmi cracha de son acide, mais l'adversaire, trop vigoureux, enfonça en terre la partie libre de son corps, entraînant son agresseur, qui subit un rude choc contre le sol, au moment même où le ver disparaissait. Son œil en fut blessé, et ensuite les choses ne lui apparurent plus que comme à travers un brouillard.

A présent, elle était fâchée pour de bon. Elle fit claquer ses mandibules en s'en allant plus loin. Malheur au prochain ennemi !

Celui-ci se trouva à point pour lui permettre de se venger : c'était, barrant la route, un objet lourd et informe : un escargot en promenade, pareil à un petit monticule arrondi, luisant de bave, dans l'herbe douce. Il portait sa maison sur son dos. On apercevait ses yeux, au regard amical, au bout de ses cornes.

La fourmi se précipita pour enfoncer ses mandibules dans la chair. Que c'était bon !

Mais les yeux pleins d'amitié de l'escargot disparurent en un éclair. Le corps crémeux se contracta pour rentrer dans la maison. La fourmi, la bouche pleine, ne lâchait pas prise ; les mandibules se plantèrent au contraire plus avant dans la chair de l'escargot, de sorte que la fourmi se trouva coincée contre le corps de sa victime à l'entrée de la coquille, affreusement étroite. La fourmi eut envie de vomir, mais la place lui manquait même pour cela.

Un instant, il lui sembla qu'elle resterait emprisonnée dans les singuliers méandres de la coquille de l'escargot et y périrait. Elle se débattit, cherchant à retrouver son souffle, et il lui fallut lâcher prise, pour enfin sortir à reculons.

Frémissante de colère, elle s'arracha à cette masse molle pour retrouver l'air du dehors. Son propre corps était, lui aussi, luisant de bave. Elle fut obligée de s'arrêter un moment pour respirer.

Mais à peine s'était-elle immobilisée qu'une minuscule créature sortit de terre et se mit à lécher la bave dont sa carapace était couverte. La fourmi s'arc-bouta sur une de ses pattes, se débarrassa de l'insecte goulu, et le dévora. Il n'avait pas le moindre goût.

De plus en plus furieuse, elle fit claquer ses mandibules et repartit. L'escargot sortit deux de ses yeux pour la voir s'en aller. La terre avait séché. On n'était plus exposé au pénible ruissellement de l'herbe ; les choses étaient telles qu'elles devaient être, sèches et piquantes. La fourmi avançait, pleine d'un nouveau courage.

Elle aperçut un brin de pâture, de l'herbe qu'elle décida de rapporter à la fourmilière. Rien ne la distinguait des autres herbes, mais elle emporterait celle-ci. Ses yeux brillants l'avaient choisie. Le brin d'herbe était long et difficile à soulever, même par un seul bout. Cependant la fourmi réussit à le tirer après elle, en marchant à reculons. Elle tirait de toutes ses forces, mais avançait lentement. Il arrivait fréquemment que le brin d'herbe fût pris entre d'autres herbes. Pourtant la fourmi ne se laissait pas arrêter.

Une congénère inconnue sortit de dessous les feuilles sèches et se mit à tirer le brin d'herbe par l'autre bout. Elle tirait comme si sa vie eût dépendu de sa possession.

L'intrépide fourmi, frémissante de colère, tirait au point de sentir son corps s'allonger sous l'effort. Les deux adversaires luttaient désespérément, mais le brin d'herbe ne faisait qu'osciller de l'une à l'autre. Tandis qu'elles bandaient ainsi leurs forces, une troisième fourmi arriva, et vit le brin d'herbe.

Elle aussi décida de s'en emparer, et s'attaqua aussitôt à l'extrémité que tirait la fourmi intrépide. Celle-ci fut prise d'une fureur telle qu'elle se jeta d'abord sur sa première ennemie, puis sur l'autre, et les coupa chacune en deux d'un coup de mandibules.

Pendant le combat, elle avait reçu également quelques sérieux horions, mais elle s'en moquait bien. Quant au brin d'herbe, elle le laissa où il était, ne s'en souciant plus.

Une petite bête sortit de terre et se mit aussitôt en devoir de se régaler des quatre moitiés de fourmis. L'intrépide saisit la misérable créature et la dévora : elle avait mauvais goût.

Et la fourmi, qui ne se connaissait plus de colère, essaya d'emporter les quatre moitiés de ses victimes ; mais elle ne parvint à se charger que de deux d'entre elles.

Tout en elle n'était plus que fureur. Et le soleil, très haut au firmament, tapait dur.

La fourmi se fraya un passage entre les herbes. Les moitiés de fourmis constituaient un bagage pesant, mais comment les abandonner ? De temps à autre il lui fallait marcher à reculons, mais elle avançait quand même.

Le soleil brûlait. La fourmi n'en prenait que plus de courage.

Un petit moucheron se posa près d'elle, et fit mine de se mêler de ses affaires, peut-être même de goûter à la charge de nourriture. La fourmi n'eût d'autre ressource que de s'arrêter et de manger le moucheron ; il était plus que détestable.

Amassant une nouvelle provision de colère, la fourmi se secoua pour vérifier ce qui restait de sa réserve d'acide : celle-ci n'était pas épuisée. Après quoi, l'intrépide reprit sa course.

Tout à coup un précipice lui barra la route. Les parois en étaient verticales, et, au fond, il y avait de l'eau.

La fourmi n'hésita pas une seconde : elle commença à dégringoler le long de la pente, toujours portant les restes de ses adversaires. Leur poids risquait de la déchirer, chaque fois qu'elle perdait pied, mais elle parvenait toujours à se rattraper et à se cramponner à un point d'appui. Vers le bas, cependant, elle roula sur la pente trop lisse. La chute fut rude, et, à cause de son fardeau, elle perdit une de ses pattes, en la heurtant contre un caillou au bord de l'eau. La patte tomba dans l'eau, mais la fourmi était sur la terre ferme.

Qu'est-ce qu'une patte, en somme, quand on en possède tant ?... Pourtant, en voyant un petit crustacé, qui sortait de l'eau stagnante, s'emparer de sa patte flottant à la surface et l'emporter, la fourmi fut reprise d'une véritable rage ; elle jeta à l'eau son chargement, dans l'intention de manger le crustacé. Mais elle avait fait un mauvais calcul. La fourmi est un animal terrestre. La nôtre se trouva désemparée, et gigotant désespérément dans l'eau bourbeuse, agitée par un courant qui l'entraînait.

Vexée, elle essayait de lutter, mais en vain. A chaque effort, son abdomen se refroidissait et se mouillait davantage.

Puis, ce fut pire encore. Une bête inconnue monta des profondeurs et s'agrippa à l'abdomen de la fourmi, qu'elle commença à dévorer.

La fourmi se débattait, mais l'autre ne lâchait pas prise. Il était grand temps de faire preuve d'énergie. La fourmi banda toutes ses forces pour gagner l'autre rive, et elle y parvint. Le flot qui l'emportait doucement, la déposa à l'improviste sur une petite langue de terre. L'odieuse bête, cependant, restait toujours collée à son abdomen, qu'elle grignotait.

La première chose que fit la fourmi une fois arrivée sur la terre ferme fut de saisir cette sinistre créature et de la manger. La colère l'empêcha de se rendre compte si sa proie avait bon ou mauvais goût.

L'acte de vengeance accompli, elle escalada d'un trait la paroi verticale sans s'arrêter, sans reprendre haleine. Arrivée en haut, elle aurait aimé se reposer un peu ; mais il n'y fallait pas penser. Au lieu de se reposer, elle avisa un gros brin de paille : emportons-le !

La paille trop lourde l'obligeait à marcher à reculons, rien que pour le faire bouger un peu. L'opération se faisait très lentement. Mais la fourmi bouillait de colère et de courage. La patte arrachée ne lui manquait pas beaucoup ; il lui en restait encore cinq !

Le soleil tapait dur. L'herbe sèche et chaude du sol faisait du bien après le fâcheux séjour dans l'eau. La fourmi avançait, tirant sa paille géante.

Mais voilà que soudain la fourmi se trouva nez à nez avec une petite horreur jaune, installée dans l'herbe. C'était une de ces minuscules fourmis venimeuses, que l'intrépide n'aimait pas rencontrer. A l'instant même, elle s'aperçut que sa poche d'acide était bien légère.

La petite fourmi jaune ne faisait pas un mouvement ; mais l'intrépide savait fort bien que son arsenal était parfaitement en ordre. Pourtant quoi qu'il dût arriver, elle *voulait* se mesurer avec la jaune, et elle se lança en avant.

C'était manquer de sagesse, car la jaune, vive comme le feu, se précipita sous l'abdomen de l'intrépide, et lui fit incontinent quelques brûlantes injections de poison.

L'intrépide fourmi fut prise de faiblesse, et incapable de presser sur sa poche d'acide. Elle resta couchée par terre, la tête et les pattes paralysées. La jaune ne s'occupa plus d'elle.

Sans doute avait-elle peur des cisailles de ses mandibules. Mais, de petites bêtes minuscules sortirent peu à peu du sol, et se mirent à grignoter la fourmi intrépide. La jaune bondit sur le tas et le dévora. Ce faisant, elle fit elle aussi un mauvais calcul, car elle s'approcha trop près de l'intrépide. L'une des mandibules se dressa lentement, et les cisailles firent leur travail : la jaune fut coupée en deux, et les mandibules continuèrent leur œuvre jusqu'à ce que, des deux moitiés, il ne restât rien. Quel affreux goût, le plus affreux de tous !

Mais ce repas eut un effet ravigotant : les membres inertes reprirent force et vie, en même temps qu'une rage indescriptible montait à la tête de la fourmi intrépide. Un petit moucheron hardi s'attardait encore à la grignoter ; elle l'avala avant même qu'il pût s'en apercevoir. Puis, en route ! en route ! toujours plus loin !

L'intrépide s'empara d'un nouveau brin de paille, rien que pour ajouter à son effort.

Quelque chose d'énorme et de rouge apparut tout à coup à la fourmi : une vache se reposait dans l'herbe.

Aussitôt la fourmi essaya d'en manger un morceau, mais elle ne parvint pas à détacher le moindre lambeau de chair. Elle était folle de rage. Au même instant, la vache, se retournant, se coucha, sans y faire attention, sur la fourmi intrépide. Celle-ci, pressée sur le sol, fut plongée dans les ténèbres.

Elle faillit éclater de fureur ; mais elle se mit à creuser la terre avec une énergie farouche. Quoique aplatie elle creusa tant, qu'elle se fraya un chemin entre les herbes écrasées.

Au-dessus d'elle, elle entendait gronder l'estomac bien rempli de la vache. Enfin, la fourmi retrouva la lumière du jour. Elle n'était pas aussi aplatie qu'elle l'avait cru. Mais, certes, elle n'était pas de bonne humeur !

Elle donna un furieux assaut à la vache, et y mit toutes ses forces. La vache ne réagit pas. Alors la fourmi déversa sur elle tout le contenu de sa poche d'acide.

Puis, une fois de plus, elle se mit en route. Elle était folle de rage, et affreusement affamée. C'est pourquoi elle se régala d'un taon savoureux, qui somnolait paisiblement après s'être gorgé lui-même de sang de la vache. La fourmi se jeta sur lui dès qu'elle le vit ; elle le mordit au point le plus vulnérable ; après quoi, elle n'eut plus qu'à le manger. Elle le savoura, bouchée après bouchée, et, une fois rassasiée, en emporta le reste. Ce fut une rude besogne ; mais la fourmi allait de l'avant !

La marche devenait difficile. La fourmi avala au passage une petite larve verte ; elle en emporta la peau. L'effort la rendait violette ; la poussière couvrait sa tête, car elle n'avait pas la force de la lever, écrasée par son fardeau. En avant ! En avant !

La fourmi ne marchait plus qu'à reculons. Ce qu'il y avait de pire dans sa situation, c'est que ses yeux ne cessaient de se cogner à tout : heurts et déchirures se succédaient.

Le chaud soleil avait disparu : non pas que ce fût déjà le soir, mais la fourmi se trouvait dans l'ombre d'une maison.

Elle ne s'arrêta pas pour si peu, et alla droit escalader le mur. Il n'était pas assez glissant pour rendre l'entreprise impossible, n'eût été le poids du fardeau. Dès que la fourmi était arrivée à une certaine hauteur, elle en retombait. Après avoir fait le même exercice une centaine de fois, elle se mit dans une rage telle qu'elle fit la moitié de l'escalade son arrière-train en avant. Mais, aveuglée par la colère, elle fit un pas dans le vide, et ce fut la chute brutale au sol. Elle n'avait pas lâché son butin.

Le malheur voulut qu'elle tombe sur des cailloux. Elle se creva un œil et sa poche à acide. Son fardeau fut projeté de côté, et, avant qu'elle eût repris ses esprits, une autre fourmi s'empara du taon, et un gros oiseau saisit la peau de la larve.

La fourmi intrépide, cependant, se remit à grimper le long du mur.

Elle était bien un peu affaiblie, mais elle avançait pas à pas

Ce mur était interminable, et son œil blessé obligeait la grimpeuse à monter en oblique : elle avançait quand même !

Tout à coup, elle fut devant un creux dans le mur, et y pénétra sans plus de façon. Son odorat très développé lui fit percevoir une odeur jusqu'à présent inconnue, mais qui fit disparaître, comme par miracle, colère, esprit agressif, et tout le reste. C'était l'odeur du sucre, provenant d'un sucrier préparé pour le café.

La fourmi était en plein dans la masse blanche, et, avant même de se rendre compte de ce qu'elle faisait, cachée entre les morceaux de sucre, elle mordait, elle suçait, elle se gorgeait de sucre...

La fourmi n'avait plus envie de quitter ce lieu de délices, plus envie de faire autre chose que manger, manger.

Quelqu'un prit le sucrier et le posa sur une table ; la fourmi ne s'en aperçut même pas. Dissimulée sous un morceau de sucre, elle mangeait sans arrêt.

Peu après, le morceau de sucre passa dans une tasse de café bouillant ; il fondit dans les pattes raidies, et la fourmi vint flotter à la surface du café.

Elle avait accompli son destin.

On jeta la fourmi morte par la fenêtre entrouverte, avec le contenu de la tasse. Le tout tomba sur la pelouse.

Et, du sol, émergèrent une foule de petites bêtes, qui dévorèrent la fourmi.

LE CAVALIER SAUVAGE

I

Par ce temps chaud, le père de Svein était en proie à une indicible mollesse. Son corps abandonné ployait au-dessus du pupitre. Il posa devant lui ses mains vides, et peu après sa tête vint tomber sur ces deux mains, comme sur un oreiller familier. Les mains inertes et la tête fatiguée se rencontrèrent, mais, de part ni d'autre, il n'y eut augmentation de forces.

A quoi sert ce pupitre au père de Svein ? Il écrit quelques lignes, mais, s'il les relit, il les trouve mauvaises. Ce ne sont que mots alignés à grand-peine et dénués de vie. Les donner à lire à qui que ce soit ne serait qu'un aveu d'impuissance.

Le cerveau du père de Svein est vide ; seul un léger bourdonnement l'emplit.

Il fut un temps, où ce cerveau bouillonnait d'ardeur. Mais alors vint l'innommable : la vie parut s'en écouler, et le vide du cerveau gagna les mains. A présent les mains aussi sont comme mortes. Regardez-les, posées sur ce pupitre : leur forme est parfaite. Elles sont capables de saisir ce qui leur plaît ; elles sont faites pour créer, pour lutter contre les difficultés de l'existence. Mais à quoi leur sert d'être des merveilles, puisque les fils de leur action sont brûlés !

Invraisemblable maladie ! songe l'homme affaissé. La révolte s'empare de lui. Si, au moins, ce mal avait un nom ! Mais il est insaisissable. Ce sont des fils mystérieux, qui sont usés.

« Quelqu'un a sucé la moelle de mes os ? » songe-t-il, et la colère gronde en lui.

Mais la colère ne réveille pas son énergie. Son front pèse lourdement sur ses mains. Ne dirait-on pas qu'il cherche à se plonger dans une source fraîche, pour y retrouver la vie, le courage, la plénitude ? Mais la vie, le courage, la plénitude sont absents de ces mains molles.

Voyez cette vaste table : la poussière s'amasse sur des liasses de papiers :

— N'y touche pas ! dit, avec impatience, le mari à la femme qui veut enlever ceux auxquels il n'ajoute plus une ligne.

Il parle ainsi dans le fallacieux espoir de voir frémir et briller à nouveau les papiers desséchés, sous la flamme de l'inspiration.

Devant une table rangée et nettoyée, il se sentirait pour toujours vidé de toute possibilité créatrice.

Au dehors, le travail fait rage ; le pays entier travaille activement pour se maintenir en vie. Mais lui, effondré sur sa chaise, la tête dans ses mains, il ne participle pas au plus infime labeur. Il reste immobile : l'inaction a rendu ses mains transparentes.

« Il faut manger, pourtant ! songe-t-il. Il nous faut de quoi manger aujourd'hui, et demain, et la semaine prochaine, et plusieurs semaines encore. Il faut que je leur procure de quoi manger ! »

De quoi manger pendant des années ! Cette pensée bourdonne dans sa tête comme un essaim d'abeilles. « Oh ! que ne puis-je m'endormir pour un instant ! » Les bras inutiles ne lui servent plus que de coussin, où reposer sa tête ; mais sa tête n'y trouvera pas le repos.

Quelqu'un (qui donc ?) frappe à la fois les deux tempes avec un petit marteau impitoyable.

« Svein ! » songe le père. Cette pensée s'impose à lui de temps à autre. Svein, son petit garçon de six ans !

Un souvenir surgit tout à coup dans son esprit ; il cherche du regard un papier convenable pour l'y transcrire.

Mais c'est à cette recherche que se borne son effort, bien que les liasses de feuilles blanches s'empilent les unes sur les autres.

Il y eut une année, qui vit naître Svein... « Nous l'avons appelé Svein pour qu'il allât vers la vie d'un pas léger, et que son cœur ne connût pas la crainte... Nous pensions qu'il serait un jour un vaillant chevalier, dressé contre le mal ; contre le dragon, qui parcourt le monde secrètement... Nous nous sentions assez forts pour engager le combat contre le dragon... Le dragon ! le dragon ! » songeait le père de Svein, dans son désarroi.

Mais sa pensée n'alla pas plus loin.

Qu'en sera-t-il dans vingt ans ?...

Combien de repas faudra-t-il encore assurer ?...

Le père prend une feuille blanche et essaie d'en faire le compte.

II

La mère de Svein se penche sur sa corbeille à ouvrage. Ses cheveux gardent encore le pli souple de sa jeunesse ;

ils retombent en avant, cachant son visage. L'aiguille et le coton s'échappent de sa main ; dans l'autre main elle tient une chaussette déchirée de Svein. Elle est seule à la cuisine, après avoir fait la vaisselle de midi. Une sorte de brouillard obscurcit ses pensées. Qui remue donc dans le réduit secret au fond de son âme ?

Il lui semble que quelqu'un lui pose une question.

Ce qui l'obsède, en réalité, c'est la pensée de son mari, dont le cerveau n'est qu'un espace vide ; mais elle veut croire que c'est le travail épuisant, qui jamais n'a de cesse : « Je raccommode sans arrêt et ma corbeille s'emplit plus vite que je ne la vide ! »

Mais, voyons ! Ce n'est pas de la corbeille qu'il s'agit au tréfonds de son âme, bien qu'elle s'efforce d'en faire l'objet de son principal souci. Svein abîme tant ses vêtements !... Il use ses fonds de culotte ; il déchire ses bas !... La corbeille déborde !...

La mère sait bien qu'elle a mieux à faire qu'à s'occuper de la couleur appropriée des cotons à repriser, et elle sait aussi que d'autres idées absorberont son esprit. Pourtant les habits de Svein se déchirent, de toute évidence, et les idées de la mère ne les raccommoderont pas.

« As-tu donc tout oublié ? »

« Non ! Non ! » répond-elle, et elle sursaute : une menace, comme d'un orage, plane dans l'air. « Non ! Non ! » répète la femme assise devant la corbeille.

Elle fouille dans le tas et en tire une chaussette d'enfant intacte.

III

Brusquement ils tressaillent, la mère et le père. Svein est apparu sur le seuil de la porte ouverte, qui relie la cuisine au cabinet de travail de son père.

L'ombre et Svein sont ensemble sur le seuil de la porte, mais ils sont aussi près de la table, dans la corbeille à raccommodages, dans les pensées. Dire que ni le père, ni la mère ne s'en sont aperçus plus tôt !

Le bruit, qui n'était pas un bruit, c'était cela : l'ombre au-dessus de Svein. C'était l'ombre, et pour tous deux cette certitude est pareille à un éclair fulgurant sur un paysage nocturne endormi.

Brusquement ils *voient !* Svein est en danger !

Il est accompagné de l'ombre. Regardez bien... dans la plaine obscure un enfant s'est égaré !... Il fait les premiers pas vers la mer immense d'où l'on ne revient pas... Ce pays cache de grands dangers. Ne dirait-on pas que le voyageur les attire, tout en s'en allant toujours plus loin ?... Plus loin !... Plus loin !... C'est Svein, qui s'en va là-bas...

Les parents échangent un rapide regard.

— Regarde Svein !... Ai-je été aveugle ?...

Qu'est-ce donc qui leur a ouvert les yeux ?

La mère enfonce ses mains dans la corbeille, et en fouille le contenu ; mais elle ne voit encore que ce qui existe déjà. Svein est là-bas et il n'est pas tel qu'il devrait être.

Le père aussi essaie d'écarter le cauchemar ; il n'y parvient pas davantage. Un coup d'œil lui a révélé que Svein est en danger.

La maison ! se dit-il, sans raison apparente. Il ne peut s'empêcher de penser à la maison.

« Je l'ai construite pour elle et pour moi ; elle sentait le bois odorant. Et ma bien-aimée s'y est couchée, toute nue, en un jour parfumé, et a conçu un enfant. Puis elle a mis cet enfant au monde, et ç'a été *la maison* ! »

Les pensées jaillissent, s'entrecroisent : Svein, l'ombre, la maison, l'océan silencieux, la mère ! Et puis la nourriture : vingt-cinq mille repas, et nous serions au but !

Svein n'a rien remarqué. Il est sur le seuil de la porte

et considère, comme il fait si souvent, les nœuds du bois verni de la porte. Il regarde : le cavalier sauvage !

Un jour, son père lui a montré les veines des planches, disant qu'elles dessinaient un cheval emporté dans une course folle, et monté par un jeune garçon.

— Vois le cavalier sauvage ! avait ajouté le père. C'est toi qui es assis sur le cheval ! Toi, Svein !

Et Svein fut aussitôt, et pour toujours, le garçon, qui monte le cheval emporté. Quel plaisir il en éprouvait ! Le cavalier intrépide s'en irait de par le monde, accomplissant des prouesses, impossibles aux autres. Plus loin ! Plus loin !...

Dès qu'il regarde le cavalier sauvage, Svein lui-même est lancé dans la course rapide. Tout, en lui, veut aller plus loin. Il lui faut prévoir mille choses. Sa pensée se précipite vers l'inconnu.

La mère dit :

— Qu'y a-t-il, Svein ?

Svein sursaute. Il regarde sa mère, et ne comprend pas. Elle a le ton qu'elle prend lorsqu'il a commis quelque sottise. Mais il n'a rien fait que regarder le cavalier sauvage.

La mère se lève et traverse la pièce de manière à pouvoir regarder son mari par l'entrebâillement de la porte. Ils ne se sont pas encore aperçus qu'ils ont vu la même chose en même temps chez Svein. Et cependant, dès le premier instant, la certitude les a embrasés avec la rapidité de la flamme. Chacun sait que l'autre a perçu, lui aussi, l'avertissement.

La mère s'approche de Svein. Elle se souvient que, ces derniers temps, Svein ne s'est pas abandonné aux jeux bruyants qui lui sont coutumiers ; il a été bien plus tranquille qu'il n'aurait dû l'être A vrai dire, il a beaucoup moins déchiré ses fonds de culotte.

Svein regarde sa mère, et l'inquiétude le prend :

— Qu'il y a-t-il ?

Il pose la même question qu'elle.

Elle ne répond pas.

— Je n'ai rien fait ! reprend Svein.

Il a si souvent entendu des reproches, qu'il prend d'instinct une attitude de défense.

La mère balbutie :

— Non ! non ! rien !

Elle prend conscience d'avoir mal agi à son égard. Elle s'interroge fiévreusement : « L'ai-je grondé à tort ? Ai-je persisté à le faire ? C'est ce bruit, le manque d'argent, et ce cerveau vide, là-bas, qui sont au-dessus de mes forces ».

Elle ajoute très vite :

— Mais non ! Tu n'as rien fait ! Ce n'est pas ce que je voulais dire !

Le père lève les yeux ; il essaie de saisir une pensée furtive, mais la pensée lui échappe, tout comme elle lui a échappé hier.

Svein se tait. L'expression du visage de ses parents l'effraie et il se sauve.

Elle et lui restent seuls dans le désarroi de leur cœur.

Svein n'est pas bien.

La brume, qui obscurcissait leur vue, s'évanouit. Ils perçoivent un son étrange. Jamais ils ne se sont douté qu'une chose pareille pût être sonore. Et, à présent, tout vient se moquer de leur aveuglément. Ils lui cherchent éperdument une excuse. Puis il essaient de le chasser de leur conscience.

— Il faut aller chez le docteur !

— Il n'est pas chez lui, cet après-midi !

— Eh bien ! nous irons demain !

Paroles inquiètes.

Svein a entrepris un voyage, dont ils ignorent les détours, et dont personne ne connaît le but. Il a enfourché un cheval, qui n'est pas celui du cavalier sauvage.

IV

— Nous allons le radiographier ! dit le docteur, l'examen terminé.

— Est-ce que... ? interroge la mère ; puis elle s'arrête.

Le docteur la considère par-dessus ses lunettes brillantes. Son visage est marqué par le vent et les intempéries, les longs parcours sur les chemins campagnards, la lutte constante contre les éléments. Il ne permet pas de deviner quoi que ce soit au sujet de Svein. Il dit, d'une voix calme et amicale, une voix de tous les jours :

— Nous allons faire une radio !

Il aime prononcer ces mots, car il a fait installer chez lui des appareils importants et coûteux. Le docteur travaille dans un bourg populeux, où il est fréquemment nécessaire de faire des radios, et la ville est fort éloignée. De sorte que la possession des instruments appropriés est appréciable.

Les regards de Svein vont de sa mère au docteur. Il y a chez eux quelque chose qu'il n'aime pas ; mais, tout à coup, le docteur lui sourit :

— Viens ! Je vais te montrer quelque chose de curieux, mon garçon ! J'ai de belles machines, tu vois.

Le visage de Svein s'éclaire. Il n'est plus le cavalier sauvage ; il est Svein, l'enfant confiant.

Ils entrent dans la pièce voisine, et le docteur permet à Svein de regarder toutes ces choses vraiment curieuses. Tout à coup, la pièce est noire. Un petit bourdonnement se fait entendre quelque part. Quelque chose bouge par là ! se dit Svein. Puis la lumière revient. Svein ne quitte pas du regard tous ces appareils singuliers. Tout cela est bien intéressant, mais ne vaut pas, quand même, le paradis des autos, en ville. On y a emmené Svein un jour.

La mère et l'enfant s'en vont.

Le docteur leur fait un signe de tête amical, et Svein, reconnaissant, lui sourit ; il a assisté à un spectacle très intéressant.

Svein et sa mère sont sur le chemin du retour, et Svein raconte ce qu'il a vu. Rien de ce qui s'est passé dans la salle de radio ne lui a échappé. Il jette à sa mère un regard mécontent. Il devine bien que maman n'a rien vu du tout.

Elle, pour sa part, voit combien Svein marche d'un pas indolent, sans nul désir de gambader sur un cheval fougueux. Elle voit tout ce qu'elle n'a pas su voir jusqu'à présent.

— C'est moi, qui irai chercher la radio ! dit-elle à son mari, lorsqu'ils sont seuls.

V

L'intérieur du corps de Svein... des routes et des canaux... La mère et le docteur considèrent la plaque. Le docteur explique, mais la mère comprend peu de choses. On dirait une carte de géographie embrouillée, impossible à déchiffrer pour les non initiés.

Le docteur hoche la tête.

— Il y a quelque chose qui ne va pas ? demande la mère.

— Hélas, oui...

La mère sent ses jambes se dérober sous elle. Le docteur dit :

— Regardez ce point, là ! Je ne comprends pas très bien ce qui se passe.

La mère s'oblige à regarder, mais elle se sent si désemparée ! Tout n'est plus que confusion.

Le docteur dit :

— Je crois qu'une opération s'impose !

— Vraiment ? fait la mère, de plus en plus troublée.

— Il faut emmener le petit à la ville dès demain. Je vais téléphoner et retenir un lit à la clinique.

Elle ajoute :

— Que va-t-il arriver ?

— Je... je crois que tout peut se passer très bien.

— Oui !

Elle fait un geste reconnaissant. Puis elle pense : « Me voilà qui le remercie, et qui perds du temps ! Chaque merci coûte à Svein une minute précieuse ! »

— Excusez-moi, Madame, mais je crois que, pour l'instant, nous nous sommes dit tout ce que nous avions à nous dire. Et il y a toujours quelqu'un, qui m'attend dans cette maison. Il faut vous ressaisir. Tout ira bien !

Elle incline la tête, puis elle s'en va.

Plusieurs visages se tournent vers elle, lorsqu'elle traverse la salle d'attente. La pièce sent le renfermé. Les yeux ont une expression de fatigue. Celui dont c'est le tour d'entrer chez le docteur se redresse et se racle la gorge. Les autres retombent dans leur morne somnolence.

La mère se hâte de rentrer.

Devant ses yeux se déploie, sans arrêt, le paysage, imprécis : un terrain marécageux, coupé de canaux et d'eaux dormantes. Pays de fièvres, songe-t-elle, où fait rage une lutte secrète et mystérieuse...

Une pensée fait frissonner la mère de Svein : De quoi, donc a-t-il parlé, le docteur ? de bistouri ?...

Ses pas se font plus rapides encore. Le temps, lui, court à perdre haleine. La mère aussi descend la pente en courant, mais, à la fin, elle ralentit le pas, et fait tranquillement le reste du chemin.

Voici la maison, entourée de vertes collines. Elle est jolie. « Il l'a bâtie pour moi... » A cette époque, il était débordant d'enthousiasme, de confiance en lui-même, et avec raison, car il faisait littéralement jaillir des étincelles :

— Il ne faut pas tirer toutes les flèches d'un coup, tu vas vider ton carquois !

— Moi ? disait-il, en riant. Je n'ai qu'à secouer la tête pour retrouver la plénitude !

Et aujourd'hui !...

La femme ne sait plus que penser de son mari. Elle est partagée entre la pitié et la bienveillance. Parfois, cependant, elle se surprend à éprouver une antipathie irraisonnée pour cet homme qui est à présent un incapable. Mais ce sentiment est laid, et la femme se dépêche de le reléguer dans la nuit.

Elle rencontre Svein à la palissade du jardin. Il marche à petits pas. Ce n'est pas ainsi que doit marcher un enfant !

Elle va raconter à son mari ce qui s'est passé.

— Ah ! dit-il.

Son cerveau vide pèse encore plus lourd.

— Le docteur pense qu'il obtiendra une place à la clinique, de sorte que nous pourrons partir dès demain.

Le mari acquiesce d'un geste.

— A-t-il dit que le temps pressait ?

Ils sont tous deux obsédés par la fuite du temps qui leur échappe... pendant qu'ils traversent la pièce, tandis qu'ils échangent de vaines paroles. D'autres préoccupations viennent s'imposer à la pensée du père : « Heureusement qu'il y a la Sécurité Sociale ! Sinon, il aurait fallu emprunter pour ce voyage... »

Dans la chambre voisine, on entend bouger Svein. Oh ! Que ne fait-il plus de tapage, pour ébranler la maison entière ! Les parents songent au cavalier intrépide qu'ils voulaient dresser contre tous les obstacles... Malheur aux téméraires !...

Le père va donner quelques coups de téléphone, afin d'organiser ce voyage précipité. Son cerveau bourdonne ; le téléphone bourdonne.

La mère dit :

— Ce sera toi qui iras !

— Mais toi aussi !

— Non ! répond-elle. Dispense-moi de vous accompagner. Je sais bien que je devrais, mais ma présence ne ferait qu'aggraver les choses. C'est toi le plus fort de nous deux !

Il la regarde comme pour la remercier. Le plus fort ? La force, l'énergie ? Paroles merveilleuses ! Lui sont-elles prêtées pour un peu de temps ?

VI

Le lendemain matin, le père appelle Svein.

Ils sont seuls dans la salle. Les parents, exprès, n'ont pas informé le petit garçon de leur projet de voyage. Il n'en aurait pas dormi de la nuit.

— Viens ici, Svein !

Svein s'approche languissamment. Il ne s'attend à rien. Il obéit, tout simplement.

— Dis-moi, Svein, je crois bien que nous allons prendre le car jusqu'en ville, ce matin !

Svein s'arrête, interdit, mais ses yeux s'élargissent, et le sang lui monte aux joues. A-t-il bien compris ? Il demande, pour entendre à nouveau ce qu'a dit son père :

— Tu m'emmènes ?

— Oui ! Nous pourrons partir dès que nous aurons mangé, et que nous serons prêts.

— Oh !

Svein a l'impression de planer dans l'espace. Il se sent léger ; ses pieds n'effleurent plus le sol. Il regarde son père, et il ne peut plus douter de la vérité.

Une fois déjà, il est allé à la ville ; mais alors, il était plus jeune. On lui a permis de regarder, mais non de toucher, les choses. Il a bien pu éprouver des désirs passionnés, mais il lui a fallu laisser ces désirs derrière lui. Depuis lors, la ville a été baignée, pour lui, dans une clarté céleste. Pendant les sombres jours d'hiver, il s'imaginait voir une ville étincelante de lumières. De larges routes y donnaient accès, et toutes ces routes étaient sillonnées d'autos, dont il avait lui-même remonté les ressorts. Car c'était lui, Svein, qui possédait le paradis des autos de fer blanc, et le paradis des trompettes, qu'il avait visités l'année précédente.

Maintenant, c'est l'été, papa est assis à table et a dit tout simplement :

— Nous allons partir pour la ville, tous les deux, Svein !

Le sang monte au visage de Svein. Ses yeux luisent comme après un bain, et se fixent sur son père.

— C'est vrai que nous partons ? dit-il tout bas, sur un ton singulier.

Le père fait signe que oui. La joie de Svein lui fait oublier *l'autre chose* pour un fugitif instant. Svein demande :

— Qu'allons-nous faire en ville ?

Le père sent ses membres se raidir ; il répond avec un sourire figé :

— Oh ! des courses. Nous irons voir les magasins. Et puis, nous irons voir un médecin, pour savoir si nous sommes bien portants ; et puis...

Svein l'interrompt :

— Les autos mécaniques aussi, n'est-ce pas ?

— Bien entendu !

Svein voit déjà le paradis des autos. Est-il possible qu'il puisse y retourner dans quelques heures ? Ils partiront après avoir mangé. C'est à n'y pas croire !

— Est-ce que maman vient avec nous ?

— Non ! Elle préfère nous accompagner une autre fois. Aujourd'hui, elle n'a pas envie.

L'explication satisfait Svein. En ce moment, il ne s'inquiète guère de savoir qui l'accompagnera ; cela importe peu dans une circonstance aussi extraordinaire ; on n'y songe même pas.

Le père se lève. Svein s'écrie aussitôt :

— Que fais-tu ? Où vas-tu ?

— Il faut que je me rase ; toi, va faire ta toilette chez maman.

Svein est déjà loin. Le père a dit ces derniers mots dans le vide.

VII

La mère inspecte les vêtements de Svein. Il y en a beaucoup de vieux, que Svein a portés jadis, et qui sont trop petits pour lui aujourd'hui. La mère pense avec une tendresse pleine de regrets à ces jours passés. Son cœur est lourd de tendres regrets. Elle revoit Svein, les premiers temps, quand il la comblait de la certitude enivrante d'avoir accompli sa vie... Elle tend l'oreille... Svein sait.

Elle entend des pas derrière la porte. Le père a parlé au petit.

La porte s'ouvre brusquement.

— Où es-tu, maman ?

— Ici, ici !

— Sais-tu ce que nous allons faire, moi et papa ? Nous allons en ville pour...

Les yeux de Svein brillent. Toute sa personne dit que papa est incroyablement gentil. La mère voit que l'aventure prend la forme d'une partie de plaisir pour le petit. Elle est presque décontenancée de le voir prendre les choses de cette façon, de le voir se leurrer si facilement, et elle se sent obligée de modérer quelque peu cette joie débordante :

— Vous n'allez pas en ville uniquement pour vous amuser. Il te faudra rester au lit pendant quelque temps...

— Je resterai quelque temps au lit ?

Cette perspective ne trouble Svein en aucune façon.

— Oui. Tu vas sans doute être soigné par un docteur.

— Est-ce qu'il aura aussi des machines comme celles que nous avons vues hier ?

Svein est invulnérable, et la mère abandonne la partie. Svein court chercher les vêtements neufs que maman a préparés. Il est délicieux d'avoir une raison de les mettre.

La mère l'aide à trouver ce qu'il lui faut.

— Il faut d'abord passer à la douche, Svein !

L'eau ruisselle sur son corps. La mère se rappelle toutes les fois où elle a tenu sur ses genoux le petit corps mouillé... Mais il faut barrer la route à ces souvenirs.

Svein répand une légère odeur ; sa peau nue sent le savon.

Par bonheur, le père est en train de se préparer dans une autre pièce. Elle veut rester seule avec Svein en ces dernières minutes.

Son mari est bon de se charger du voyage, mais elle ne peut supporter personne entre elle et Svein, pendant les courts instants qu'il passe encore à la maison.

Svein enfile ses habits de fête. La mère ne voit pas que ces habits, en somme, ne sont guère élégants. Elle ne voit pas la coupe défectueuse du pantalon qu'elle a fabriqué. Svein ne s'en aperçoit pas non plus. Il est déjà loin, au paradis des autos, des trompettes et du chewing-gum. Il en parle à maman :

— Quand on les remonte, il y en a qui vont tout droit, et d'autres qui tournent en rond tout le temps.

Le bavardage de l'enfant tire la mère de ses rêves insensés. Elle répond au hasard :

— Oui ! oui ! puis ajoute : Il est temps que je vous fasse à manger. C'est tout ce que vous avez à faire encore.

Et elle quitte le petit. Le plancher vacille un peu, sous elle. Svein continue ses discours derrière son dos :

— Il y a des autos de pompiers, des autobus, des camions, dont on peut soulever le capot, et il y a des...

La mère ferme la porte. Elle va prendre les aliments sur les étagères et prépare plus de choses qu'il n'est besoin. Pourquoi ? Elle l'ignore.

Elle crie :

— Es-tu prêt ?

Le père semble avoir mis beaucoup de temps à se raser, à se laver, à faire ses paquets.

— Oui ! J'arrive !

Svein est prêt ; il a déjà mis son béret. Son regard brille de la fièvre des voyages.

— Que de plats ! s'écrie-t-il.

La mère ne répond pas.

Le père entre, sa valise à la main. Il s'arrête pour considérer la table, où s'étale tout ce que la maison contient en fait de vivres.

— Mais, au nom du ciel ?...

Il s'arrête, car elle l'interrompt :

— Sais-tu quand tu t'assiéras de nouveau à cette table ?

Il sursaute, puis s'assied.

— Viens manger, Svein.

— Je n'ai pas faim.

— Mais si, tu as faim ; c'est l'agitation du départ qui te fait croire le contraire.

— Je ne veux rien manger !

— Mange un petit morceau ! supplient les parents devant cette pauvre table surchargée.

Il grignote quelques bouchées, mais il est trop agité pour pensei à autre chose qu'aux autos : « Il ne faut pas que je les remonte trop brusquement, sinon le ressort cassera. Celle qu'on a donnée à Jan Hengen... »

— Allons ! Mange, Svein !

— Faut-il que je mange *ça* ? dit-il en désignant du doigt quelque chose qui ne convient pas, il le sait bien, au petit déjeuner.

— Non, voyons, Svein, dit la mère.

— Et ça ? Et ça ? poursuit Svein, pris brusquement de l'envie de taquiner maman. Il ne fait que désigner des objets, qu'il sait bien ne pas devoir se trouver là.

— Tais-toi ! Je vais te faire un bonne tartine.

— Et ça ! et ça ! et ça !...

Svein continue, tout au plaisir de la taquinerie.

— Mange, sapristi ! tonne le père.

L'éclat de sa voix fait trembler la table avec tous ses trésors. Ses nerfs le trahissent ; la colère bouillonne en lui.

Svein, interdit, mâche sa tartine.

Le silence renaît après le vacarme. Le père, gêné de ses propres paroles, ne souffle plus mot. La mère, consternée, est pourtant heureuse de revoir Svein si gentil, sagement assis à mastiquer son morceau de pain. Son humeur taquine s'est envolée... « Je retrouve mon petit garçon ; il ressemble au vent : tantôt il monte très haut, tantôt il s'abaisse très bas. Table, couvre-toi pour lui de tous les biens ! »

Il n'y a plus de temps à perdre, si le père et l'enfant veulent prendre le car. Le père se lève.

— Il faut partir, Svein !

« Non, non ! songe la mère. Il ne faut pas qu'ils partent. Il ne peut être question que je me sépare déjà de Svein... »

Pour un peu, elle crierait, mais elle s'arrête à temps.

Svein bondit de sa chaise, et court à son père.

La mère songe : « Ni l'un ni l'autre ne comprennent de quoi il s'agit ! Moi seule, *je sais.* »

Le père s'empare de la valise.

— Et c'est *toi* qui es là ! dit-elle.

Surpris, il demande :

— Que veux-tu dire ?

— Rien ! Dépêchez-vous, sinon vous manquerez le car.

— Bien sûr ! Le car n'attend pas ! fait Svein d'un air d'enfant précoce.

Le plaisir du voyage jaillit littéralement de toute sa personne. Il piétine d'impatience.

C'est la fin. La mère se réjouit de pouvoir recourir à une besogne journalière pour ne pas émouvoir Svein. Elle prend le bol sans anse de Svein, le remplit de lait et le tend à son fils en toute hâte.

— Vide ce bol, vite. Tu auras soif en route, et tu auras faim.

Le ton de sa voix, le mouvement de sa main sont de ceux auxquels on ne résiste pas. Svein saisit le bol sans hésiter, et boit comme s'il s'agissait de sa vie. Il vide le bol. Puis il s'en va.

La mère épie un signe de regret, indiquant qu'il est triste de la quitter. Mais en vain. Svein est simplement joyeux et exubérant. Il est déjà en route.

Le cœur de la mère se serre.

— Au revoir, mon petit Svein ! dit-elle d'un ton à peine perceptible.

— Au revoir ! répond Svein, absorbé. Nous allons rater le car, maman !

— Non, dit le père, nous partons !

— Tu nous accompagneras bien jusqu'à ce fameux car ?

Ils s'en vont. Il y a un petit bout de chemin à faire. Svein fait des pas énormes. Ses épaules travaillent sous le chandail ajusté, d'un brun rouge. Il marche devant ses parents. On ne voit de lui qu'un dos et des épaules en mouvement vers la ville. La veste, que maman a faite à grand-peine, pend au bout de son bras. Il ne fait que trop chaud en marchant.

Le car jaune arrive sur la place en même temps que Svein et les siens. Svein sourit avec orgueil, de l'air d'avoir tout organisé lui-même. La porte s'ouvre. Svein grimpe dans la voiture.

Debout sur la route chaude, la mère lui fait un signe d'adieu, à travers la vitre dure.

VIII

Le chauffeur du car lui fait aussi un signe de tête amical, parce que, si petit, il s'en va déjà en voyage.

— Où t'en vas-tu donc ?

— En ville, répond Svein.

Son intention était de dire ces deux mots d'un air indifférent, mais il n'y parvient pas. Comment serait-ce possible, alors que la route entière est jalonnée par les lumières de sa joie ?

Mais, à présent, la voiture démarre. Le voyage devient une réalité. Le monde va se déployer devant Svein, comme l'an dernier, et plus encore, car, aujourd'hui, il s'en réjouit davantage.

Le voyage se révèle à lui en vastes tableaux ; il en emplit le cadre de choses qu'il connaît ; et, au centre de tout, brille naturellement le paradis des autos.

Il se tient ferme au dossier du siège qui est devant le sien. Le grondement du moteur est pour lui une musique délicieuse. Au dehors, le paysage défile : forêts, landes, champs cultivés, maisons et jardins. Derrière la vitre apparaissent de fugitives silhouettes d'êtres humains. Les visages se détachent parfois clairs, parfois brun foncé, sur la trame verte du paysage fuyant. De temps à autre, une auto dépasse le car à toute allure. Svein sursaute. Tout est merveilleux. C'est un vrai voyage, tel que l'entend Svein.

— Regarde, papa !

— Oui ! répond le père, qui renonce à se retourner à chaque exclamation de Svein.

— Mais tu n'as rien vu !

Le père se retourne.

— Il est trop tard, s'écrie Svein, ravi. Il faut se dépêcher de regarder, tu sais, quand on est dans un car !

— Bien sûr ! repond le père, qui fait reprendre une position normale à sa tête bourdonnante.

Svein ne s'aperçoit nullement que son père est inquiet et déprimé. Le voyage est pareil à une grande vague, qui emporte Svein loin de tout. La course rapide, l'aspect changeant des choses le grisent.

Le père est obligé d'entamer une conversation avec son voisin : un de ces individus agaçants, qui ne savent jamais se taire, et dont toute la personnalité n'est que vains propos et bavardage.

— Vous faites un voyage avec votre fils ?

— Oui.

— Les enfants aiment se balader, à cet âge...

— Oui.

— Avez-vous l'intention de pousser jusqu'à la ville ?

— Oui ! intervient Svein qui a entendu prononcer le mot « ville », le seul qui importe pour lui, en cet instant.

L'homme bavarde et le père répond par « oui » et par « non », attentif seulement à ce qui se passe dans son cerveau torturé. Tout, ici, le torture. Le voyage, le grondement du moteur, cet homme bavard ; et la vue de ce petit Svein qui ne se doute de rien.

— Papa ! Papa ! As-tu vu celui-là ?

— Oui ! fait le père, à tout hasard.

Le car file à grand fracas. Les arbres, au bord de la route, agitent leurs branches vertes. Le vent est chaud, le ciel bleu ; la soirée sera belle et tiède. Cette soirée, qui va venir, bruit et frémit déjà autour du père ; la maison, où Svein va entrer, se dresse devant lui.

On est aux premiers jours de la fenaison. Des deux côtés de la route, les faucheurs s'affairent. Ils fauchent l'herbe fraîche ; ils ramassent le foin. On devine, à les voir transpirer, qu'ils rêvent à une boisson glacée, à un coin d'ombre où s'asseoir. Ils aperçoivent le car, qui file entre les prés fauchés. Le car est plein de gens élégamment vêtus, en route pour la ville. Sans doute, les faucheurs seraient-ils heureux d'être assis dans le car !

Le père de Svein fait un geste du bras, un étrange et pauvre geste. Il lève la main, la laisse retomber sans raison apparente.

Personne ne s'en est aperçu, mais cette main s'est tendue, pleine de nostalgie, vers ces moissonneurs débordant de vie, en dépit de la sueur qui ruisselle de leurs corps et de leurs vêtements misérables.

Svein se retourne une fois encore. Son visage est radieux, car il sait que le car va droit au paradis des autos.

— Papa, as-tu vu celui-là ?

— Bien sûr !

Un des voyageurs jette à Svein un regard excédé. Il lui en veut de ses constants appels à son père. Celui-ci s'en aperçoit. Son visage se durcit. Il considère l'autre d'un œil sévère. Le voyageur impatient rougit. Svein ne voit rien ; pour lui tout n'est que joie. Il dit, d'un ton ravi :

— Dis donc, papa...

Le père se penche :

— Qu'y a-t-il ?

Svein ne répond pas. Il se contente de se serrer contre lui.

Une pensée monte des ténèbres, et s'impose au père. Il regarde le dos solide, sur lequel se croisent les courroies de cuir, sur le siège du chauffeur, et il se dit que le chauffeur pourrait se tromper dans le maniement de ses leviers, et précipiter le car sur la pente abrupte qu'il longe en ce moment. Ainsi toutes les difficultés seraient résolues... Cette pensée l'effleure l'espace d'une seconde ; puis il a la force de refouler la tentation vers les profondeurs troubles de son être.

Bientôt le car traverse une contrée moins accidentée. Des prairies plates bordent la route, et le père retrouve le calme. L'abîme ne se creusera plus en lui : « Je l'ai vu s'ouvrir devant moi, songe-t-il effrayé, au moment même où Svein s'est tendrement serré contre moi... »

Svein s'écria :

— Oh ! Regarde ce gros taureau !

Le car rejoint trois hommes, qui conduisent un énorme taureau. De grosses cornes ornent sa tête, qui semble vibrer d'une force indomptable. Ses conducteurs lui ont entravé les pattes avec de solides cordes ; une longue gaule est fixée à un anneau, qui lui perce le nez. L'animal avance lourdement, les yeux mi-clos. Il jette un regard furieux au chauffeur du car. Une énergie sauvage émane de lui. Le père, sans énergie et sans force, est bouleversé par cette puissance de l'animal, dont les veines charrient un sang rouge et épais. Il a soif de cette force, qu'il contemple avec envie.

A peine le car a-t-il dépassé l'animal et ses conducteurs qu'il s'arrête devant un groupe de maisons. L'une d'elles est un café, arrêt habituel des cars. Il y a toujours quelque voyageur qui désire bouger un peu, et le chauffeur lui-même a besoin d'un peu de repos. Tout le monde descend. Au même instant, on voir arriver les trois hommes et leur taureau.

Ce jour-là, personne ne jouit paisiblement d'une tasse de café ou d'une cigarette. Avant même d'entrer dans la maison, les voyageurs assistent à un spectacle inattendu. Le taureau, brusquement, est pris de rage. On le dirait atteint tout à coup par un rayon de feu. Il fait un écart si brusque que les hommes lâchent la gaule, et culbutent dans la poussière de la route. Le taureau est libre et il peut donner libre cours à sa fureur. Il fait entendre un meuglement sonore, comme pour l'annoncer au monde entier, puis se précipite sur la palissade qui borde la route, et la démolit.

On crie, on s'agite dans le petit village. Les voyageurs du car rentrent précipitamment dans le café pour s'y mettre à l'abri. Seul le père de Svein reste debout près de la porte, avec Svein tout contre ses jambes. L'homme qui a perdu sa force est hypnotisé par cet épanouissement de vigueur.

On crie de toutes parts :

— Rentrez donc !

Mais le père ne bouge pas. Quelqu'un saisit Svein et lui fait franchir le seuil du café. Le père est comme envoûté. Là-bas, la force, l'énergie se déploient.

Les trois hommes se sont écartés ; ils surveillent les saccades de la corde, épiant le moment d'en saisir le bout, pour faire tomber l'animal. Mais il est impossible de s'approcher de cette vivante machine destructrice. Le taureau démolit la barrière avec une violence telle qu'il fait voler les piquets de tous côtés. Il fonce, cornes en avant.

Toute sa force paraît se concentrer dans ses cornes.

« On dirait que des éclairs en jaillissent ! » songe l'homme, sans forces, debout sur le perron.

Svein est ressorti, avec d'autres gens : ils ne risquent rien, tant que le taureau s'attaque à la barrière. Les éclats de bois l'ont blessé, et la douleur l'excite encore davantage, de même que le bâton fixé à l'anneau de son nez, dont les coups le remplissent d'effroi à chacun de ses mouvements.

Tout à coup, il renonce à démolir la barrière. Il court à présent, tête baissée, vers un hangar voisin.

De grands trous apparaissent dans le mur du hangar.

Au même instant, un étrange hurlement se fait entendre et un chien se précipite au dehors. Sans doute le chien s'était-il réfugié dans le hangar. Terrifié, il passe en courant devant le taureau, qui prend peur lui-même. Il pousse des meuglements sourds. Le chien file comme une flèche sur la route, et disparaît dans les taillis.

Le taureau se secoue et revient à la charge contre le hangar : ses cornes fracassent le bâtiment délabré. La perche qui se balance au bout de son nez lui arrache des mugissements de plus en plus furieux. Chaque nouvel assaut est plus aveugle, plus forcené, que le précédent. L'animal est affolé.

La foule des voyageurs, à la porte du café, a le cœur battant. A leur tête le père de Svein serre les poings, et respire profondément, comme avant une grande épreuve de force.

Il ne reste plus grand-chose du hangar. Le taureau pousse un nouveau meuglement ; un éclat de bois pénètre dans son œil, et son affolement s'accroît. Ses meuglements semblent annoncer la fin imminente, mais qu'il ne connaît pas. Il n'y voit plus et n'aperçoit pas les trois hommes, qui n'ont pas abandonné la partie. Ils sont allés chercher un fusil, et les voici qui approchent.

Le groupe du perron sursaute :

— Un fusil !

— C'est la fin !

— Oh ! J'en suis tout...

Le taureau mugit et fonce vers la maison. A sa manière, il annonce la destruction. Un homme s'avance rapidement et vise.

Une odeur de poudre, un peu de fumée s'échappent du tube d'acier. Le taureau trébuche et s'écroule...

Un pénible soupir monte du groupe assemblé sur le perron.

Svein reste comme paralysé :

— Papa ! Que s'est-il passé ?

Le père le prend par la main et l'entraîne dans le café jusqu'à une table vide. Il est pris d'une étrange faiblesse, et des ombres passent devant ses yeux.

Svein court à la fenêtre et regarde l'animal géant, qui est mort. Beaucoup de gens l'entourent ; on s'empare des cordes et on tire le taureau sous quelques arbres touffus, pour procéder au reste de l'opération.

— Svein ! Reviens !

Svein obéit, mais il est encore tout au drame qui s'achève :

— As-tu vu, papa ? Que s'est-il passé ?

— Oui ! J'ai vu. Assieds-toi ! Je vais te faire donner un verre de lait, puis, nous remonterons dans le car. Tu sais bien que nous allons en ville, tous les deux !

— Oui ! En ville ! fait Svein, repris par la pensée du voyage.

Il boit son lait à petites gorgées, pour faire plaisir à papa.

Le chauffeur remet sa sacoche et dit qu'il est temps de partir. Maintenant tout est calme et tranquille sur la route. Seuls les débris de la barrière et du hangar attestent les assauts de tout à l'heure. Le moteur gronde. Le car passe devant le café et devant un rideau de feuillages mouvants.

Svein est assis à la fenêtre ; son père est à côté de lui. Mais, qu'est-ce donc qui les fait tressaillir de la sorte ? Qu'est-ce donc qu'ils entrevoient, tandis que le car prend de la vitesse ?

Entre les branches vertes, surgit la tête noire d'un chien : de sa gueule pendent les entrailles du taureau. Les babines retroussées, et les yeux qui brillent d'un éclat sinistre, font un spectacle, qui n'est pas de ce monde. Derniers restes de cet animal plein de feu...

Svein jette à son père un regard effaré et se colle subrepticement contre sa veste.

— Nous allons filer bon train ! dit le père d'un ton joyeux ; mais sa langue ne lui obéit pas très bien.

Il semble que les autres voyageurs n'aient rien remarqué. Peut-être ne regardaient-ils pas de ce côté-là, et bientôt on se demandera si toute cette scène a bien été réelle ?

Ils se sont arrêtés sur une place, au milieu de la ville. Le car est arrivé à destination.

Avant d'arriver, Svein était fatigué. Aussitôt en ville, il se réveille. Il regarde la file des maisons, les autos et tout le reste.

— Nous y voilà ?

— Mais oui !

Ils sont sur la place, mais la journée s'avance ; l'air est lourd et chaud entre les murs : c'est un air qui n'est pas vivant.

Le père a retenu une chambre à l'hôtel pour lui-même, et, à la clinique, le docteur a retenu une autre chambre pour Svein, mais Svein n'en sait rien.

Il faut entrer à la clinique avant l'heure du coucher. Le père recule devant cet aveu. Et puis, il reste encore un peu de temps pour visiter toutes les splendeurs. Les valises resteront, d'ici là, au bureau du car.

Svein tire son père par le bras :

— Viens donc, papa !

Et ils s'en vont.

Le père dirige ses pas vers la porte d'un magasin, et Svein le suit à grandes enjambées. C'est un magasin de verrerie ; le père est chargé d'y faire une emplette. Père et fils circulent au milieu de merveilles. Les verres scintillent. Tout cela est très beau, mais ce n'est pas ici que Svein veut aller, car on n'y trouve ni autos, ni trompettes. Ils s'en vont dès l'achat accompli.

— Nous allons voir les autos maintenant, dis, papa ?

— Oui ! Tout de suite ! Mais auparavant, entrons encore là !

La porte est fermée au verrou.

Le père regarde d'un air un peu effaré les passants, qui

paraissent tous pressés. L'heure de la fermeture des magasins a-t-elle déjà sonné ?

— C'est fermé !

— Oui ! Mais ce n'est pas la maison des autos ! dit Svein qui a regardé la vitrine. Allons voir les autos !

Tout à coup, le père prend peur : le magasin de jouets ne peut être fermé. Pourtant, on ferme très tôt en été. Il tente d'ouvrir une autre porte. Elle est fermée également.

Le père arrête un passant :

— Excusez-moi. Tous les magasins sont-ils déjà fermés ?

— Oui ! L'heure de la fermeture vient de sonner.

Svein a entendu la question et la réponse ; il est inquiet.

— Et alors ? Et les autos ?

Le père prend la main de Svein dans la sienne :

— Voyons si nous ne pouvons pas, quand même, entrer dans le magasin.

Il dit ces mots d'un ton plus désinvolte qu'il n'aurait voulu. Mais il ne faut pas que Svein soit privé de son paradis d'autos. Ce soir lui appartient. Après... On ne sait pas...

— Le marchand de jouets peut bien nous faire entrer, songe le père, tout en tirant Svein à sa suite.

Svein dit, d'un ton pénétré :

— Voilà le magasin !

Ils sont devant la vitrine, un vrai bric-à-brac : autos, canots à moteur, toupies, trompettes, locomotives. Mais lorsque le père cherche à ouvrir la porte, il s'avère qu'elle est fermée aussi.

— Elle est fermée, Svein !

Svein est consterné.

— Ne pourrais-tu pas appeler le marchand ?

— Non ! C'est impossible ! Il n'y a plus personne au magasin ; les employés sont rentrés chez eux. Et il se hâte d'ajouter : Ce sera pour une autre fois !

— Demain matin, de bonne heure, n'est-ce pas ? reprend Svein, un peu absent. Il est perdu dans la contemplation de la vitrine.

Il faut bien, à présent, que le père dise la vérité :

— Nous verrons ! Il se peut que nous soyons empêchés de revenir demain matin. Il faut que nous allions chez le docteur ce soir, et peut-être y resterons-nous quelque temps. Mais, dès que tout sera fini, nous reviendrons ici.

Svein écoute avec attention. Son père paraît énervé. Le petit ne dit pas un mot. Ils sont tous deux devant la porte close du paradis des autos, devant cette clarté soudaine, qui se fait dans l'esprit de Svein...

— Est-ce que tu m'emmènes coucher à l'hôtel, où il y avait le téléphone ?

— Pas cette fois, mais la prochaine.

Svein ne réagit pas.

Les chauds rayons du soleil couchant viennent jusqu'à eux, entre les murs des maisons. Le père tient Svein par la main ; un large sourire s'épanouit sur son visage.

— Viens ! Nous trouverons bien une boutique encore ouverte.

Svein lève les yeux, mais ne dit rien.

— Tu n'en as pas envie ?

— Mais si ! répond Svein.

Ils entrent dans une crèmerie :

— Regarde ! La porte n'est pas fermée !

Pas de réponse.

Quelques gâteaux restent dans un plat. Le père les achète avec empressement, comme s'il s'agissait d'une question de vie ou de mort.

— Tiens ! Svein ! Tu n'as certainement jamais vu des gâteaux pareils !

Svein tourne et retourne les gâteaux dans ses doigts. Il

aperçoit sur le comptoir des bouteilles jaunes, dont l'étiquette s'orne d'un citron :

— En as-tu envie ?

Svein n'y résiste pas :

— Oui !

La limonade pétille dans le verre de Svein, et Svein rit.

Le père a l'impression d'avoir fait à son profit un marché honteux. Cette boisson misérable lui a servi à tromper son fils, à le faire rire sans raison, en avalant son acide carbonique, en cet instant où la séparation approche...

Sottise... Le rire de Svein lui fait du bien. Il est heureux.

— Tu as avalé ton verre en vitesse, Svein ! En veux-tu un autre ?

— Oui ! dit Svein, et il sirote sa limonade avec délices.

— La limonade vous ravigote, n'est-ce pas, après un long parcours en car ?

« Quel est donc ce ton que j'emploie ? songe le père. Qu'est-ce donc que je cherche à acheter par ce moyen ?... Pourtant, que faire d'autre ? »

Malgré tout, le père ne se délivre pas de son trouble. Il se sent honteux. L'heure n'est pas à siroter de la limonade ! Mais il ne résiste pas à la tentation de demander à Svein si une deuxième bouteille lui ferait plaisir, puisqu'il fait si chaud, et que la limonade est si bonne. Svein sourit et accepte. Et le père sourit à l'aimable employée de la crèmerie :

— Apportez-nous une autre bouteille, s'il vous plaît.

C'est vrai qu'elle fait du bien !

La jeune fille apporte de la limonade à la framboise. Svein rit à cette vue. Il rit pour se consoler de la fermeture du paradis des autos. Mais c'est un rire un peu forcé, car il n'est pas si facile de rire en pareil cas. Le père devine ses pensées, et voudrait que toute cette comédie de la crèmerie fût terminée.

— A présent, tu n'as certainement plus soif. Cela ne te vaudrait rien de boire davantage.

— Si ! J'en voudrais encore !

Le liquide rose a teint les coins de sa bouche et il ne cesse de sourire, en guise de compensation pour la fermeture du paradis des autos.

— Eh bien ! dit l'aimable personne, derrière son comptoir, en voilà un au moins qui est content !

La phrase s'incruste dans la conscience du père. On dirait le début d'un conte : « Il y avait une fois un petit garçon qui était très content de boire de la limonade... »

Le chaud soleil du soir tombe de biais, à travers la vitre, sur le père et l'enfant. Le père se redresse : il s'aperçoit que le jour touche à sa fin. Le temps ne s'arrête pas, pour nous permettre d'arranger les choses à notre guise.

— Le soir tombe ! dit-il tout à coup.

La jeune fille, derrière le comptoir, hoche la tête. Elle est ramenée à ses propres soucis :

— Le soleil couchant ne vaut rien à ma marchandise. Je songe depuis longtemps à chercher un magasin mieux exposé.

— Allons ! En route ! fait le père, mettant brusquement un terme aux lamentations de la crémière.

Il se lève...

Svein dit précipitamment :

— Je veux aller voir les bateaux !

— Oui ! répond le père, que ces mots bouleversent.

Ils sortent de la crèmerie. Le père jette un regard furtif sur le cadran de la tour, qui domine les toits.

Svein a vu les bateaux lors de son premier voyage à la ville. Il connaît le chemin. Ils vont donc voir les bateaux. Ils longent le quai. Quelques-uns sont à l'ancre...

Mais, voici l'heure de s'en retourner.

— Viens Svein, nous n'avons plus le temps de nous attarder !

Svein obéit tout de suite. Le père voudrait l'entendre protester, mais la petite bouche bavarde reste muette.

Ils se dirigent vers l'Ouest, vers le soleil couchant.

Le grand hôpital est situé dans un vaste terrain découvert. Au-dessus du toit s'élèvent des cheminées en grand nombre, et, entre les cheminées, tournoient des ventilateurs brillants. Les murs sont de couleur claire.

Du coup, Svein a tout oublié devant les ventilateurs du toit. Ils ronronnent gaîment, en tournant sur eux-mêmes. Personne n'est obligé de les mettre en mouvement :

— Qu'est-ce que c'est que ces machines, papa ?

— Ce sont des ventilateurs, dit le père, d'un ton mystérieux.

Il saisit aussitôt l'occasion de rendre la maison attrayante:

— Il y a beaucoup de ventilateurs à l'intérieur, dit-il.

— Vraiment ?

— Oui ! C'est là que tu vas t'installer !

Le père a honte de parler de la sorte. Svein ne peut résister à tout ce qui tourne. Il presse son père d'entrer.

Ils ont le soleil dans les yeux. Des passants les croisent. Ce soir d'été, le travail est fini. Le bâtiment étincelle comme un palais. Les ventilateurs ronoronnent paisiblement, et leur ronronnement est plein d'un sens caché. Il parle à Svein de choses nouvelles et passionnantes. Déjà l'enfant les fait siennes. Elles dansent devant ses yeux et rient...

Voilà le père et le fils devant le portail.

Au-dessus se dressent des pans de murs d'un gris délicat. Svein ébauche un mouvement de fuite, mais le père dit très vite :

— Tu as envie de voir comment un ventilateur est fabriqué ?

Il prononce ces mots comme s'ils allaient entrer vraiment dans le domaine merveilleux des ventilateurs. Et, au moment même où il a prononcé ce mensonge, il appuie sur la poignée d'une lourde porte, qui s'ouvre.

Svein se hâte d'entrer : ses yeux luisent d'impatience...

La porte se referme d'elle-même sur les arrivants. Quelle singulière maison !

Svein cherche à voir le dedans d'un ventilateur, mais on l'emmène vers un petit bureau, à côté de l'escalier. Une femme, en robe bleu clair, lui sourit amicalement :

— Nous étions prévenus de ton arrivée, ce soir, Svein, dit-elle en inscrivant son nom dans un grand livre.

Svein a l'air abattu. Il comprend qu'on l'a trompé avec cette histoire de ventilateurs, mais il ne se révolte plus ; il est épuisé, et il regarde dans le vide...

La journée va vers son terme inexorable.

Svein et son père suivent les longs corridors, coupés de portes vernies, aux poignées étincelantes. Leurs pas ne résonnent pas sur le plancher silencieux. Un bruit étrange s'échappe par l'entrebâillement d'une porte. Le père jette un rapide regard sur Svein : l'enfant a-t-il deviné quelque chose ? Mais non, Svein avance d'un air indifférent.

Une femme, en bleu et blanc, s'approche, comme une vieille connaissance.

Le père n'est plus que résistance, car, à présent, Svein va partir... Le trait qui les sépare a été tiré !

La femme regarde la petite valise, que porte le père :

— Ce sont ses vêtements, sans doute ?

— Oui !

— Je vais les prendre.

Le père lui tend la valise. Non ! non ! crie en lui une voix... et pourtant, il tend à la femme tout ce que possède Svein.

La femme se tourne alors vers Svein qui paraît à bout de forces. Sa voix résonne comme une clochette, et l'enfant la suit sans dire un mot.

Le père reste dans le couloir : Non ! non ! crie la voix secrète...

Mais la porte s'est refermée.

Svein a été attiré sournoisement en ce lieu, par la séduction de la limonade, par de fallacieuses promesses, par une voix angélique... Et la porte s'est refermée sur lui.

X

« Il est bon d'ignorer les choses, qui se passent dans une telle maison. »

Le père sursaute. Ces paroles ont été prononcées tout près de lui. Ce sont deux femmes qui longent le couloir. Il les suit d'un regard effrayé...

Plus tard, il est assis sur un banc, devant l'hôpital. Il n'est pas allé plus loin, après avoir livré Svein aux autres. Un banc se trouvait là... il s'y est laissé tomber. Que cette journée a été longue ! Est-ce vraiment aujourd'hui qu'ils sont partis de chez eux ?

Le père, affalé sur un banc, n'en peut plus.

Autour de lui, il y a des plates-bandes et du sable, et le paisible mur de pierres. La maison du silence.

— Oh ! Ne rien savoir !...

Tout à coup, le père se lève ; il court à la porte pour voir si elle est fermée. Mais non, elle cède, et le père se retrouve dans le vestibule. Il sait bien, cependant, qu'il n'a plus rien à y faire. On ne l'autorisera pas à voir Svein. Il ne s'arrête pas au guichet du bureau, mais il monte rapidement l'escalier, afin que personne ne l'interroge. Une odeur de pharmacie flotte dans l'air.

Des femmes circulent dans le couloir ; elles se hâtent. Ces femmes ont vu tout ce qui se passe ici ; elles dissimulent leur savoir derrière de calmes visages au sourire las.

Sans avoir conscience de ce qu'il fait, le père s'adresse à une petite femme brune en robe bleue :

— Il doit se passer bien des choses dans cette maison ?

Question stupide, qu'il regrette à l'instant même.

Mais la femme ne manifeste aucune surprise. Elle se contente de répondre :

— Pour l'instant, tout est calme !

Le père est désemparé. La femme le salue et s'en va, petite, brune, sûre d'elle-même. Elle disparaît à un tournant du couloir.

Est-ce dans ce couloir qu'il a abandonné Svein ? Il examine les portes. Elles se ressemblent toutes.

Tout à coup, il semble entendre un bruit ; mais il ne parvient pas à distinguer d'où il vient. « C'est Svein qui a crié ! » se dit-il. Dans son désarroi, il ne peut supporter cette incertitude et il cherche quelqu'un à qui s'en prendre.

Un homme apparaît du côté où a disparu la petite brunette. C'est un individu au maintien assuré, qui porte une casquette à galon d'or. Il va droit au père de Svein comme s'il lui avait été envoyé :

— Il faut vous en aller ! L'heure des visites est passée, dit-il d'un ton amical, mais ferme.

— Je veux voir mon fils ! dit le père, près de la crise nerveuse.

— Mais oui ! Vous le verrez une autre fois, répond le gardien avec autorité.

Et il prend le père par le bras, sans brutalité, mais de manière à lui faire sentir que toute résistance est inutile. Le père essaie de se dégager, mais l'autre lui fait mal en le serrant davantage.

— Pas d'agitation dans cette maison !

Le père de Svein n'a d'autre ressource que d'obéir. Le

gardien le fait descendre et le met à la porte, en le poussant dans la fraîcheur nocturne :

— Bonsoir ! dit-il. Vous pourrez revenir demain !

L'air est doux. Le père descend vers la ville sans rien voir, ni les passants, ni les véhicules. Un chauffeur, furieux, l'interpelle :

— Regardez donc ce que vous faites ! Auriez-vous l'intention de vous suicider ?

Le camion grince et s'arrête brusquement, presque devant son nez. Le cri du chauffeur l'a fait trembler. Il balbutie une excuse et hâte le pas.

Ceux qu'il croise ont l'air joyeux, parce que leur visage est tourné vers la lumière rose du couchant. Leurs regards ne s'arrêtent pas sur celui qui s'avance vers eux. Ils ne veulent pas voir ce qui se dissimule sous ses traits.

Lorsqu'il passe devant le paradis des autos, à la porte close, il se souvient du chagrin muet de Svein devant ce magasin fermé. Jamais il n'oubliera la déception de son enfant. Il se rend ensuite à l'hôtel, et s'enferme dans sa chambre.

La sonnette est à portée de sa main, mais le père ne sonne pas pour qu'on lui monte son dîner. Il allonge ses jambes fatiguées et ne fait plus rien... L'un des murs de la pièce se soulève un peu, et par-dessous passe la gueule avide d'un chien noir, pleine d'affreux boyaux...

Il est temps de se mettre au lit, songe le père.

Après s'être plongé la tête dans la cuvette, il va se coucher ; mais ses yeux brûlants ne trouvent pas le sommeil... Svein est-il endormi ? Demain matin, de bonne heure, ils vont le prendre...

C'est une chose dangereuse qu'ils vont lui faire. L'intervention aura lieu demain matin de bonne heure...

Le père fixe le plafond du regard ; puis, il finit par s'endormir quand même.

XI

Le lendemain matin, le soleil le réveille ; on a donné au père une chambre orientée à l'Est.

Le soleil monte à l'horizon ; les oiseaux des forêts et des jardins le saluent par une explosion de joie, et les fleurs s'épanouissent. La grande roue solaire suit sa course. Des rayons dorés pénètrent dans la pièce.

Le père se sent privé de toute force : le jour de Svein a commencé... Le soleil brûle.

Le père ne veut rien manger. Il songe avec une sorte de dépit à ces gens qui boivent leur café et se font des tartines avant d'aller prendre Svein. Lui, il va boire un verre d'eau ; puis il s'effondre dans le grand fauteuil de l'hôtel. Il regarde le disque solaire...

Le père n'ose même plus penser à Svein. Il pense à celle qui est seule à la maison...

Et il voit, avec une intensité extraordinaire la mère qui assiste à cette naissance du jour. Elle sort de la maison, et, à peine est-elle dans la cour, que les collines vertes se dressent pour l'écraser :

« Ingebjörg ! Ingebjörg ! »

Elle court de-ci de-là, et, de ses mains impuissantes, elle essaie de lutter contre les collines menaçantes. Mais, lorsqu'elle réussit d'un côté, une nouvelle menace se lève de l'autre ; il lui faut encore se défendre. Et, de quelque côté qu'elle se tourne, ce ne sont que collines et collines, car la maison est située dans une combe de verdure. Les collines se sont mises en branle ; elles veulent tout niveler.

Qu'arrive-t-il donc ? songe le père. Comment Ingebjörg va-t-elle s'en tirer ?... Il voit, littéralement, la lutte désespérée qu'elle livre contre les collines... Et personne près d'elle pour venir à son secours !...

— Ingebjörg ! crie-t-il.

Il brûle du désir de lutter à ses côtés ; et pourtant, il sait qu'elle ne va pas lâcher pied : elle s'oppose vaillamment aux collines insensées. Ses genoux tremblent, mais elle fait front aux forces, qui la menacent :

« Je devrais être près d'elle ! Je devrais être près d'elle ! »

Ses regards tombent sur l'appareil téléphonique, posé sur la table. Il bondit vers lui, appelle Ingebjörg, et attend la communication avec angoisse.

« Je vais lui faire peur », se dit-il.

Il attend longtemps... Enfin le bruit de la sonnerie le fait sursauter :

— Oui ! C'est moi !

Ingebjörg ne parle pas des collines.

— Est-il arrivé quelque chose ?

— Non ! Je ne sais rien. Ils n'ont pas commencé encore ; mais nous avons fait bon voyage.

— Qu'est-ce qu'ils ont dit à l'hôpital ?

— Je ne sais pas ! Est-ce que les collines ne t'ont pas fait mal ? ajoute le mari.

— Que dis-tu ?

— Oh ! Rien ! Nous n'avons rien d'autre à faire qu'à attendre !

Il raccroche le récepteur, arrêtant la communication. Puis il pousse un long soupir : Ingebjörg n'a pas été écrasée; la maison est encore debout !

Quelques instants plus tard, il se dresse à nouveau brusquement. Le soleil est plus haut. Peut-être le moment est-il venu ?

Oh ! non ! Il n'ose pas encore s'en mêler... Attendre !... Attendre !... Attendre ? Mais il lui faut sortir, bouger.

Au dehors, la journée est belle et chaude. Le père traverse la ville ; il passe devant les magasins d'alimentation, mais il n'a pas faim.

La porte du paradis des autos est grande ouverte... Il y entre tout droit et achète deux autos mécaniques.

— C'est pour mon fils, dit-il à la vendeuse.

Rien que de prononcer ces mots l'encourage à penser que Svein vit. Mais, au même instant, il se souvient de la cruelle déception de Svein, hier soir, en ce même lieu, et il ajoute, sans aménité :

— Hier, il était ici. Nous n'avons pu entrer. Et il avait voyagé toute la journée dans l'espoir de voir les autos...

On dirait qu'il attaque la vendeuse.

— Vous êtes, sans doute, arrivés après la fermeture ? dit-elle d'un air étonné. Nous ne pouvions nous douter qu'il allait venir !

Il riposte avec raideur :

— Comment une chose pareille peut-elle se produire ?

— Je ne comprends pas ce que vous voulez dire. N'est-il pas possible qu'il revienne aujourd'hui ?

— Aujourd'hui, il subit une opération...

La voix sourde a un accent de menace. Comment une chose pareille peut-elle se produire, en effet ?

Puis le père se calme. Au fond, cette personne ne sait rien de ses affaires ; elle ne connaît pas Svein, ni le sort qui l'attend, pas plus qu'elle ne connaît la mère de Svein qui lutte près de la maison contre l'assaut des collines.

Le père murmure une excuse. Il est temps de vider les lieux.

— C'est bien fâcheux ! dit la vendeuse.

Une fois sorti de la boutique, il se sent pris de la même paralysie, qui s'était emparée de Svein, la veille. Il rentre péniblement à l'hôtel.

« Puis-je téléphoner à l'hôpital, maintenant ? »

Il compose le numéro et s'informe de l'état de Svein.

Une voix lasse répond :

— Nous ne pouvons rien dire encore ; il est trop tôt ; mais il a été opéré.

— Quand pourrai-je venir ? demande le père.

— Téléphonez cet après-midi.

Et il entend le déclic... Le père prête encore l'oreille. Tout à coup, il comprend que Svein vit...

Il se dépêche de téléphoner dans la vallée verte, pour

dire à la mère, tout au moins, que Svein vit. Il faut qu'il le lui dise... Elle est sortie... Sans doute affronte-t-elle une colline qui s'avance vers elle... La maison est encore debout...

Le père somnole sur le divan. La maison est encore debout. La journée s'écoule sous un soleil de feu et d'invisibles étoiles.

On n'est plus rien, quand on pense à ces choses...

XII

La sonnerie aiguë du téléphone le réveille. Il reprend conscience aussitôt. Combien de temps a duré sa somnolence ? Pas bien longtemps... « Et voici qu'ils me téléphonent ! Ou bien, serait-ce Ingebjörg qui me prévient que la maison s'écroule ? Je suis fou ! »

Il prend le récepteur... Ce sont ceux qui s'occupent de Svein :

— Pouvez-vous venir immédiatement ?

— Comment va Svein ?

— Il y a eu des complications ; l'état du petit est grave...

Le père n'entend plus rien, bien qu'on lui en dise certainement davantage : c'est une voix calme de médecin ; une voix, qui ne perd pas facilement le contrôle d'elle-même.

Le père prend en toute hâte son chapeau et les autos mécaniques. « Que vais-je en faire ? » songe-t-il dans la rue. Il ne peut pourtant pas les jeter tout bonnement sur le trottoir !

Il arrête un taxi pour se rendre à l'hôpital.

Peu après, il est chez le concierge qui le fait monter.

Il entre dans un bureau. Une grande table verte lui tape sur les nerfs. Entre un homme, à l'air décidé. Il parle de l'opération... La situation a pris un tour inattendu. Le cas est très rare... mais malheureusement...

Le père n'entend ce discours que par bribes :

— Il est mort ? fait-il, puisqu'il faut bien que le mot soit prononcé.

— Non ! Mais nous attendons la fin d'un moment à l'autre. Venez avec moi !

Ils entrent. Le père ne se rend pas compte qu'il se trouve dans une chambre : il ne voit qu'un lit, et Svein, dans ce lit. Autour, il y a aussi deux femmes en bleu. Il voit Svein...

Une voix s'élève du fond de son être : « Voilà mon fils ! »

On dirait presque qu'il a parlé tout haut. Tous ceux qui l'entourent sont silencieux comme des images. Tous sont tournés vers Svein.

Le père fait quelques pas vers le lit. Il voit que Svein transpire. Ses lèvres sont immobiles, mais ses yeux, grand ouverts, regardent son père.

Plus rien d'autre n'existe. Le père s'avance comme au-devant d'une lumière... Jamais encore il ne l'a vue. Il va vers elle avec des yeux aveugles. C'est Svein qui regarde son père et qui raconte ce qu'il éprouve à présent que tous les voiles ont été écartés.

Tout cela ne dure qu'un court instant ; mais cet instant suffit.

Le père n'interroge pas : il entre tout droit dans la connaissance.

Pas un son ne s'échappe des lèvres de Svein... Le père sent la lumière pénétrer dans son cerveau calciné. Le désespoir ne s'empare pas de lui. Il ne comprend qu'une chose : l'amour de Svein.

Puis, tout s'éteint. La lumière vacille comme la flamme d'une chandelle au vent. Des ombres passent sur la lumière, qui illuminait le visage, puis elle n'est plus...

Le père reste debout devant le lit, sans comprendre.

L'homme grave, qui a fait usage du bistouri, s'avance, tend l'oreille ; il touche Svein, puis il prend la main du père...

Un peu plus tard, il fait signe aux femmes de sortir :

— Encore un instant ! dit-il, en regardant le père.

Celui-ci dit : « Oui ! Oui ! », sans plus se rendre compte de rien.

Après quoi, il est seul avec le Cavalier Sauvage !

En lui, tout est désarroi...

Brusquement, il lui arrive une chose invraisemblable.

— Non ! Pas maintenant, dit-il, pas ici !

Mais l'invraisemblable ne le lâche pas. Désemparé, honteux, il sent venir l'invraisemblable...

Au lieu du sombre désespoir, c'est un fleuve de vie qui le submerge et risque de balayer tout désespoir.

Les images, les actions, les couleurs, les sons, qui vont prendre forme en lui, surgissent aussi vite qu'ils avaient disparu. Ils sont là. Ils sont revenus. Il sait à nouveau parler de grandes choses.

Le ron-ron de son cerveau vide fait place au bruissement d'une flamme nouvelle, qui cherche à jaillir. Et les mots se présentent ; ils dansent en un désordre sonore.

Le père de Svein est incapable de les repousser, fût-ce au prix de sa vie.

Et il regarde Svein, qui a eu, lui, la puissance de rallumer la flamme. « Comment suis-je donc fait ? songe-t-il, interdit. Quelle honte ! »

Mais à quoi sert d'être honteux ? La force nouvelle le submerge, et ne s'inquiète d'aucune autorisation.

Il ne faut rien perdre de cette force bouleversante.

Le père écoute... Les autres vont-ils rentrer ?

« Je vais écrire une œuvre, que rien encore n'a pu égaler. Je parlerai de la lumière que j'ai vue... Je suis sauvé, songe-t-il, rouge de honte. Et elle, qui lutte contre les collines, prêtes à s'écrouler ! Il faut que je lui téléphone tout de suite... Oui, il le faut, mais que lui dirai-je ?... Nous avons fait ce que nous avons pu... Bientôt, elle me regardera avec d'autres yeux, je le sais... Cette joie ne sera pas interdite... »

Il essaie de se dire : « Tout cela me vient de Svein... De quoi suis-je fait ? » songe-t-il encore.

Pourtant, il est pris par la chose nouvelle, qui est née en lui. Il ne lui opposera point d'obstacle.

Elle ne connaît pas d'obstacle ; c'est un flot jaillissant.

Des pas se font entendre dans le couloir...

LE BONHOMME DE PAIN D'ÉPICE

On avait posé le bonhomme de pain d'épice sur une branche de sapin, entre les boules brillantes et les bougies.

Petit et court de jambes, il ne paraissait pas fait pour de grandes destinées ; c'est tout juste s'il pouvait tenir à califourchon sur sa branche. Mais il était tout parfumé d'épices, et cela valait bien quelque chose.

Au milieu de la pièce vide, l'arbre de Noël se dressait seul dans la pénombre. Il était couvert de bougies, qui attendaient d'être allumées. Sur la table brûlait une petite lampe.

Le bonhomme de pain d'épice avait deux perles de sucre bleues en guise d'yeux, et pas de paupières. Les globes bleus s'ouvraient tout grands dans son visage brun.

Le temps de la patience était venu pour la petite fille. Dire qu'elle était derrière la porte fermée de la salle de fête !

Le cœur lui battait d'impatience, et ses lèvres tremblaient. Mais on ne lui permettait pas d'entrer encore. Elle était la seule à être habillée et pomponnée ; le reste de la maisonnée n'était pas prêt, et nul n'avait le droit d'entrer avant les autres. Il était défendu de jeter un coup d'œil sur toutes les merveilles, mais on le faisait quand même, bien entendu.

La petite avança la main et tourna le bouton de la porte. Quel spectacle !

La pièce restait encore plongée dans une demi-obscurité ; des ombres traînaient partout, et, au beau milieu, on avait placé l'arbre de Noël. Mais son éclat était comme endormi. Une sorte de pellicule couvrait les boules multicolores et les autres objets qui garnissaient le sapin.

Bientôt de vivantes lumières repousseraient les ténèbres. Alors le cœur de la petite s'épanouirait comme une fleur... Mais, en cet instant, elle n'en savait rien. Ses lèvres rouges brillaient dans l'entrebâillement de la porte, et ses grands yeux s'élargissaient encore.

Tout à coup, ils rencontrèrent ceux du bonhomme de pain d'épice.

Le visage plat était rond comme la pleine lune, lorsqu'on la regarde en face. Les yeux bleus contemplaient la petite avec amitié, et elle-même ne pouvait en détourner les siens.

Mais pourtant elle leva la tête vers la pendule, et une sorte de froid rayon la transperça toute, aussi mystérieux que le reste.

La pendule muette était accrochée aux poutres du plafond. Quelqu'un l'avait placée là-haut, et puis était parti. La pendule était grande mais dépourvue de sonnerie. Elle avait l'éclat du givre. L'absence de sonnerie donnait précisément à son tic-tac une importance indicible, car les coups du balancier semblaient frayer la voie vers de vastes espaces glacés.

La petite fille en perdait le souffle. Décontenancée, elle regardait la pendule. Il se passait quelque chose d'incompréhensible pour elle. Elle se sentait emportée dans un mouvement indéfinissable, et qui l'effrayait. Le désir de se cacher s'emparait d'elle. Il lui *fallait* se cacher, chercher appui dans les yeux bienveillants du bonhomme de pain d'épice, qui brillaient là-bas comme l'azur.

Que tout était donc singulier, inquiétant pour une petite

fille ! Les forces secrètes qu'elle percevait agissaient *pour* elle. Elle le savait bien. Mais, à quoi lui servait de le savoir ? Au fond, on n'est jamais très sûr de rien...

Tandis qu'elle restait ainsi, en ces dernières minutes de l'attente, tout, pour elle, prit un caractère de nouveauté, de « jamais vu ». Personne auparavant ne lui avait raconté ces choses. Un poids insupportable l'écrasait. Le monde avait des milliers de lieues. C'était vraiment à n'y rien comprendre et pourtant, la petite fille comprenait... Cette toute petite fille, qui restait la gorge sèche devant une porte entrebâillée.

Tout à coup elle tressaillit... Mais non, personne n'était entré. La pièce n'avait qu'une seule porte. Qui donc aurait pu entrer, sans passer devant la petite fille ? Tout le monde était en train de s'habiller.

La petite tressaillait encore, et encore une fois ne vit personne. Ce n'était que l'instant qui passait, l'instant *d'avant...*

Quel visage plat et brun !

Les boules bleues regardaient fixement la petite fille. « Il pourrait bien un peu bouger, ce bonhomme, pensait-elle, faire une culbute, ou quelque chose de ce genre. Comme cela... comme cela... » Mais il restait coincé, à califourchon sur sa branche de sapin.

On le lui donnerait tout à l'heure, mais pas à présent. Et cependant il était bien pour elle, et sa petite bouche rouge s'ouvrait toute ronde, rien qu'à le regarder...

Autour de la petite, les choses étaient prises d'une sorte de frémissement joyeux.

Silence, attente, ombres de légers doutes ; reflet lointain de la lumière qui allait venir... La petite fille était au centre même de ce frémissement.

Sans même savoir ce qu'elle faisait, elle poussa la porte juste assez pour se glisser dans la pièce. Et, tout à coup, elle se trouva seule avec le bonhomme de pain d'épice, sous la pendule muette du plafond, qui faisait de cette pièce une pièce enchantée. Le son de la sonnerie muette l'emplissait... Et, par-dessus tout, brillait le givre, ce givre qui avait brillé de tout temps.

La petite ne comprenait pas tout cela, et, en réalité, ne s'en souciait guère. Elle ne voyait que le bonhomme de pain d'épice ; ses dents, sa langue se tendaient vers lui en un désir passionné, désespéré, coupable.

Le silence. Silence des minutes qui précèdent l'arrivée de celui qui va allumer les bougies et déclencher la fête, tel un sonneur de trompettes. Le silence était plus grand qu'il ne le serait de toute cette soirée, et les bonnes choses appétissantes n'auraient plus jamais le goût qu'elles avaient en cet instant.

On avait rangé sous l'arbre les friandises, qui, tout à l'heure, fondraient dans la bouche de la petite, mais, comme ensorcelée, elle ne les voyait pas. Elles dormaient encore pour elle, car seul l'attirait l'objet défendu.

Dans son inconscience, la petite croyait rester immobile comme les ombres qui l'entouraient, mais elle bougeait, pourtant. Brusquement elle fut tout près du bonhomme de pain d'épice, qu'elle désirait si fort. Elle voulait s'en emparer *avant* la fête. La tentation l'attirait ; elle ne songeait plus qu'à s'y abandonner toute. Elle agissait comme en rêve, et pourtant... elle savait tout, tout, jusqu'au fond des choses.

A présent, elle aurait pu le toucher, assis à califourchon sur sa branche. Il la fixait de son regard bleu, bien ouvert.

Si la petite fille n'avait pas pris garde, jusqu'alors, aux palpitations de son cœur, maintenant elle les percevait.

Le bonhomme de pain d'épice regardait droit devant lui. Il était tout parfumé de suavité et d'épices, et il était pour elle, pour elle seule.

Une seule chose restait à faire. Les lèvres serrées de la petite fille s'ouvrirent comme si elle voulait parler. Mais tout était décidé, accompli, sans qu'il fût besoin d'aucune parole : deux bras se tendirent et s'emparèrent du bonhomme de pain d'épice, assis sur sa branche, et, en le faisant, ces bras étaient dans leur droit.

La petite fille jeta un regard vif autour d'elle. Dans ses mains elle tenait le bonhomme de pain d'épice. Et puis, elle fit ce dont elle avait envie...

Après quoi, elle revint sur ses pas.

La pièce n'avait pas changé, sous la pendule glacée du plafond, mais le bonhomme de pain d'épice brûlait, comme le feu, les lèvres de la petite fille. Ses grains de poivre lui brûlèrent la langue, et puis, tout à coup, il ne fut plus... Un, deux, trois, chose étrange, il avait disparu...

La petite fille s'en retourna d'où elle était venue, après ce prologue mystérieux à la soirée mémorable, qui allait commencer pour elle.

L'ANNIVERSAIRE

Berit se réveilla avant les autres. Rien d'étonnant à cela : elle accomplissait ce jour-là ses quatre ans. Dans ces cas-là, il est naturel de s'éveiller la première. Mais, plus matinal encore que Berit, il y avait le soleil. L'été brillait sur le monde. Berit était une enfant de l'été...

Elle jeta un regard sur papa et maman, et sur Anne, sa sœur. N'allaient-ils pas enfin s'agiter un peu, eux aussi ?

Les grandes personnes dormaient le nez en l'air ; leurs dents brillaient entre leurs lèvres entrouvertes. Ils devaient dormir profondément. Anne, couchée sur le ventre, enfonçait son visage dans son oreiller. Mais aujourd'hui, sa tête se trouvait du bon côté du lit, ce qui n'arrivait pas tous les jours. Anne était une écervelée : elle dormait dans les positions les plus extraordinaires. Berit, qui n'avait que quatre ans, dormait toujours la tête du bon côté du lit.

Quatre ans ! Elle s'attarda un instant à penser à son âge avant d'ouvrir la bouche, et de pousser des cris de désespoir parce que le reste de la famille se permettait de dormir en ce jour si important pour elle.

Quatre ans ! s'était-elle dit hier soir, en se mettant au lit, et elle avait ajouté à part soi : « J'y penserai toute la nuit ! » Quatre ! C'est un chiffre, disent les grandes personnes ! Berit avait demandé à papa de lui démontrer, sur un bout de papier, ce que cela voulait dire.

Une fois couchée, elle n'avait plus aperçu que ce chiffre 4. L'espace vide, entre les murs de la chambre, était peuplé de 4. Un 4 avait pris l'aspect d'un arbre. A la barre transversale pendaient des bonbons et des biscuits, à vous faire venir l'eau à la bouche. Mais lorsque Berit chercha à s'en emparer, ses doigts se refermèrent sur le vide.

Autant valait se réveiller et comprendre qu'on venait de rêver. Berit avait bien senti, pourtant, le fumet des gâteaux. N'en restait-il plus trace dans l'air ? Qui sait ce que maman avait bien pu mettre au four, hier soir ? Et ce que papa avait acheté ? Car il avait certainement acheté quelque chose. Le contraire eût été impensable.

Ces réflexions bourdonnaient dans la petite tête comme un essaim d'abeilles, et Berit se décida à joindre à leur concert les hurlements indignés que lui arrachait le sommeil des autres. Pourtant, s'ils s'étaient permis de s'éveiller avant elle, elle aurait poussé des cris deux fois plus affreux !

— Maman ! Papa !...

Les larmes aveuglaient Berit.

De l'autre côté de la pièce, les nez penchèrent à droite, puis à gauche ; papa fit entendre un grognement furieux ; maman se redressa :

— Mais Berit ! Que se passe-t-il, au nom du ciel ?

Du coup, Berit se tut et regarda maman : Que se passe-t-il ?... Ne se rappelaient-il donc pas que c'était aujourd'hui son anniversaire ? N'étaient-ils pas assez réveillés pour se le rappeler ? *Ici,* dans cette pièce, remplie jusqu'au plafond de petits chiffres 4 ? Berit se remit à pleurer.

— Quelle gamine ! grommela papa dans son coin. Jamais on ne peut dormir en paix dans cette maison ! Tais-toi ! ajouta-t-il, d'un ton bourru.

Berit avait entendu si souvent ces mêmes mots, qu'ils passèrent au-dessus d'elle sans l'atteindre, mais, ouvrant la bouche, elle se remit à crier sauvagement :

— C'est mon « *niversaire* » !

Anne sursauta, et se retourna sur le dos. Des yeux apparurent dans son visage, et une grimace contracta sa bouche. Elle jeta un regard effaré du côté de maman, et maman se hâta de dire :

— Allons ! Allons ! Ce n'est pas grave ; il s'agit seulement de l'anniversaire de Berit !

Papa s'assit dans son lit en riant :

— Que nous annonces-tu là ? Je suis heureux d'apprendre que c'est l'anniversaire de Berit !

Berit se tut immédiatement, et le considéra d'un air vexé. Se moquait-il d'elle ? *Aujourd'hui ?*

Elle décida cependant de pratiquer le pardon des offenses, parce que sans aucun doute papa avait acheté un cadeau à son intention.

Anne regarda Berit d'un air supérieur, mais Berit ne regardait que maman. Où pouvait-elle cacher les biscuits ? Elle devait bien, quand même, en avoir fait cuire quelques-uns...

— Bonne fête ! Ma Berit ! dit maman. Te voilà une grande fille, avec tes quatre ans.

Berit se contenta de murmurer, d'un air froissé :

— N'as-tu pas fait cuire des biscuits ?

Car dans quelle intention maman parlait-elle ainsi ? Qui donc se satisferait, le jour de son anniversaire, de s'entendre dire qu'elle était une grande fille ?

— Jamais, dans cette maison, on n'apporte aux gens des biscuits dans leur lit ! riposta maman, en prenant le ton le plus sec possible.

Berit fut saisie d'une vive tendresse pour maman. Il y aurait donc des biscuits.

La petite fille courut à son père et à sa mère, la bouche pleine de baisers.

— Voilà qui suffit ! dit maman. Il faut que je me lève !

Mais ses yeux étaient plus tendres que ses paroles. Berit le vit bien. Elle demanda :

— Qu'aurons-nous pour le dîner, aujourd'hui ?

— Tu le verras à table, répondit maman, qui enfilait sa robe.

Puis elle emmena Anne a la cuisine. Berit tendit l'oreille. Un bruit de casseroles qu'on remue se mêlait à celui de la conversation. On faisait, bien sûr, du chocolat, comme à chaque anniversaire. Berit en était certaine, au point de trouver presque fâcheux de savoir les choses tellement à l'avance.

Mais ce qu'elle ne savait pas, c'était ce que papa avait acheté à son intention. Papa faisait toujours les achats. Oh ! que Berit aimait son papa, en ce moment !

De son lit, il la considérait d'un air singulier. Quand le regard de papa se posait ainsi sur elle, Berit n'avait plus peur de rien. Rien de mal ne pouvait lui arriver. Se tournant vers papa, elle demanda tout doucement :

— Qu'est-ce que tu m'as acheté ?

Il répondit :

— Viens voir !

Pas un mot de plus. Ce n'était pas plus compliqué que cela !...

Papa enfonça sa main sous l'oreiller et en tira un petit paquet moelleux. Berit, toute émue, ne sentait plus que les battements de son cœur. Elle défit le ruban, et aperçut une paire de socquettes d'une blancheur éclatante, et bordées de bandes rouges et bleues.

Qu'elles étaient douces au toucher !

Papa dit :

— Te plaisent-elles ?

— Oh ! oui !

— Elles sont faites avec de la laine d'agneau blanc ! ajouta papa, et Berit pensa que ces socquettes lui seraient bien précieuses.

Elle restait immobile, les tenant à la main :

— Est-ce que maman les a vues ?

— Bien entendu ! Tu penses bien qu'elle a dû vérifier si elles étaient à ta pointure !

— Est-ce que je les mettrai aujourd'hui ?

— Si tu veux. Mais, à présent, habille-toi vite ! dit papa, qui sortit de son lit pour aider Berit à mettre ses vêtements.

Maman avait préparé « la robe des dimanches » avant de s'en aller. Et Berit mit ses nouvelles socquettes blanches, si moelleuses, et où les orteils s'installaient à l'aise. La petite fille riait de plaisir :

— Jamais je n'ai eu de si belles socquettes ! dit-elle, en dansant autour de la pièce.

Papa, assis sur le bord du lit, ne la quittait pas des yeux.

— Danse un peu pour moi ! fit-il, comme pour lui confier un secret ; et il commença à siffloter.

— Oui ! répondit Berit du même ton.

Elle se balançait d'un pied sur l'autre, dans ses socquettes blanches, et papa sifflait. Papa et Berit s'amusaient un peu en cachette, à eux deux. Maintenant que maman avait un nouveau bébé, ils étaient souvent seuls ensemble, quand papa rentrait de son travail. C'est pourquoi ils avaient inventé des jeux, que le reste de la maisonnée ne partageait pas. Papa sifflait, et Berit dansait, dansait...

— Il faut nous arrêter, Berit ! dit papa.

Maman entra au même instant.

— Regarde, maman, dit Berit, regarde mes socquettes !

— Quelles merveilles ! dit maman.

Mais elle était forcée de retourner tout de suite à la cuisine.

Voilà comme était maman : elle devait être partout à la fois. Tout le monde la réclamait. Papa aida Berit à mettre sa robe, dont les boutons fermaient difficilement. La petite fille trépignait d'impatience.

... Il y eut du chocolat au petit déjeuner. On n'en achetait qu'à l'occasion des anniversaires ; Berit ne l'ignorait pas.

— Tu ne te régalerais pas, si papa et maman ne m'avaient pas eue ! dit-elle à sa sœur, entre deux gorgées. Il n'y aurait pas de chocolat !

Anne répondit vertement :

— En tout cas, ils m'ont, moi aussi !

A la maison, il n'y avait pas beaucoup d'argent pour faire des cadeaux, mais Berit ne s'apercevait pas de ce genre de choses. Elle savait seulement qu'on fêtait aujourd'hui son anniversaire, et que sa mère avait certainement fait des biscuits. On le verrait bien cet après-midi ! Berit mangeait et buvait avec entrain.

De temps à autre, elle posait ses pieds sur la table pour admirer ses socquettes, et, chaque fois, papa ou maman lui disait sévèrement :

— Ote tes pieds de là, Berit !

Après déjeuner, papa s'en alla à son travail, et maman au sien. Anne fut chargée de faire des courses, et Berit resta livrée à elle-même, dans sa robe des dimanches et ses socquettes neuves.

Elle sortit dans la cour. Le soleil brillait, doux et chaud.

A présent, il s'agissait de faire voir les socquettes au voisinage. Le plaisir de Berit en serait fort accru. Elle se représenta tous les gens qui allaient l'admirer, mais... les gens ne se montrèrent pas. Pourquoi ne pas essayer de descendre jusqu'à la maison la plus proche, celle des Vik ?

Berit n'hésita pas. Elle s'assura que ni papa ni maman ne l'observaient, et se dissimula derrière les arbres. De là, le chemin menait directement chez les Vik. Berit avait déjà suivi ce chemin auparavant.

Que les socquettes brillaient donc au soleil !

Berit courait si vite que ses pas traçaient un sillon éclatant.

« Kari Vik va voir quelqu'un de bien chaussé ! pensa-t-elle. Mes socquettes sont en laine d'agneau blanc ! »

Aujourd'hui, Berit était assez élégante pour jouer avec Kari Vik.

Kari était âgée de six ans. Elle avait une camarade de jeux âgée de huit ans. Ces deux-là étaient inséparables, et refusaient toujours de jouer avec Berit. Aussi Kari ne serait-elle pas invitée à manger des biscuits, cet après-midi...

Kari avait aussi un petit frère, qui s'appelait Tor, et n'avait que deux ans. Berit s'estimait trop supérieure à Tor pour jouer avec lui. C'eût été se remettre au rang des petits enfants ! D'ailleurs Tor ne serait même pas capable d'apprécier les nouvelles socquettes ; mais Kari ne pourrait s'empêcher de les admirer, car elle ne possédait pas de socquettes comparables à celles-là.

« Je lui ai demandé : Qu'est-ce que tu as acheté ? Et il a répondu : Viens voir ! en prenant un petit paquet sous son oreiller... »

Berit songeait à ces paroles et se les répétait à elle-même, tout en courant à travers bois. Le chemin y creusait une tranchée lumineuse, où les rayons du soleil allumaient des étincelles. Des deux côtés se dressaient les grands arbres silencieux. Un oiseau s'envola d'une branche, et se cacha dans le feuillage.

— N'aie donc pas peur de moi dit Berit, c'est mon jour de fête, et j'ai des socquettes blanches ! Reviens te poser sur la branche !

Mais l'oiseau ne revint pas.

Et Berit n'y pensa plus, car déjà elle apercevait le toit de la maison des Vik, au-dessus des bouleaux.

Tout à coup, elle entendit gémir pitoyablement, presque à ses pieds entre deux mottes de terre. Qui donc pouvait pleurer ainsi ?

C'était le petit Tor, qui sanglotait, couché sur le ventre, la tête enfouie dans ses deux bras. Au-dessus de son fond de culotte bourdonnait un essaim de mouches noires. Tor était vautré en plein soleil.

Beri prit peur ; elle en oublia qu'il ne lui convenait guère de s'occuper de Tor. Elle sentait son cœur battre de pitié, et elle brûla du désir de venir en aide à ce petit. Qu'est-ce qui pouvait bien le désoler de la sorte ? Ses sanglots faisaient peine ; Tor n'était encore qu'un bébé. Il ne semblait pas remarquer la présence de Berit. Elle appela doucement :

— Tor !

Tor leva la tête :

— Regarde mes socquettes blanches !

Mais Tor avait bien d'autres soucis. Il ne vit même pas les socquettes, et se contenta de fixer Berit de ses yeux pleins de larmes.

— Peut-être que tu es très malade ? demanda Berit, en s'approchant davantage.

Et voici qu'une odeur singulière lui monta aux narines. Aussitôt elle devina ce qui s'était passé, et elle fut prise pour Tor d'une compassion toute maternelle. Se penchant vers lui, elle chuchota :

— Tu as fait dans ta culotte, n'est-ce pas ?

— Oui ! dit Tor.

— Dire qu'une chose pareille arrive à un aussi grand garçon ! reprit Berit d'un ton grave.

Pas de réponse. Tor n'était même pas capable de bien parler encore. Les mouches, elles, bourdonnaient de plus en plus fort.

— Tout cela n'est pas drôle, fit Berit ; je me demande comment tu as pu te mettre dans un tel état !

Elle parlait de nouveau avec sévérité, et Tor, effrayé par son regard, balbutia :

— C'est... c'est... c'est...

Son chagrin était si visible, que Berit, émue, reprit doucement, sans même s'en rendre compte :

— As-tu mangé trop de bonbons ?

— Non ! dit Tor.

Il semblait qu'il n'eût guère de mots à sa disposition : oui, non, c'est tout ce qu'il savait dire.

— Allons ! lève-toi, commanda Berit, en lui prenant le bras.

Il soupira et s'assit, en jetant un curieux regard à Berit.

— Il faut te lever, Tor !

Alors il obéit. Berit le saisit par la main pour l'entraîner.

— Ce qu'il y a de mieux à faire, je crois, c'est que je te ramène chez ta maman.

— Oui, dit Tor.

Il la suivit docilement, mais il avait les jambes molles. Tout à coup, Berit songea à ses socquettes...

— Tu ne vois donc pas mes socquettes ? Elles sont faites avec de la laine d'agneau blanc !

Tor eut un rapide coup d'œil pour les socquettes, mais ne dit rien. « Quel sot ! » pensa Berit. Et elle ne se contenta pas de le penser, mais elle le dit carrément à Tor :

— Tu es un sot, tu ne comprends rien. Tu es trop petit pour qu'on prenne la peine de s'occuper de toi !

Le coin des lèvres de Tor s'abaissa ; il était tout près de pleurer encore. Alors Berit s'attendrit à nouveau :

— Mais non, Tor, tu n'es pas un sot, ou bien si tu es un sot, c'est parce que tu es si petit ! Mais moi, j'ai quatre ans aujourd'hui, et à la maison, il y a des gâteaux pour moi.

Ce mot parut réveiller Tor, et lui faire oublier toute sa misère.

— Oh ! dit-il, et il fit brusquement demi-tour.

— Où vas-tu Tor ?

— Gâteaux ! répondit Tor, en regardant Berit dans les yeux.

Berit se fâcha :

— Toi, des gâteaux ? avec cette culotte ?... Non, non, tu n'auras pas de gâteaux !

A l'instant même, Berit fut saisie de regrets pour ses dures paroles. Tor cependant répétait : « Gâteaux, gâteaux ! » et il se remit en route en toute hâte vers les gâteaux.

Berit le tirait dans la direction opposée :

— Tu prends le mauvais chemin ! Rentre chez ta maman !

— Non ! fit Tor avec obstination. Gâteaux ! et ses jambes torses travaillaient avec rapidité.

Berit était indignée. Elle essaya de faire usage de la force, et, en effet, elle parvint à tirer Tor un peu en arrière. Mais il se mit à pousser des cris si déchirants qu'elle le lâcha, consciente de mal agir envers lui.

Il ne songeait d'ailleurs qu'à reprendre sa course et il répétait : « Gâteaux ! gâteaux ! »

Berit fit une nouvelle tentative de persuasion :

— Tor ! Sois donc raisonnable !

Mais Tor ne répondit que par le silence, et Berit n'eût d'autre parti à prendre que de lui céder. Une fois qu'elle fut décidée à l'emmener chez elle, elle reprit la petite main dans la sienne.

Evidemment, ce n'était guère agréable de se faire accompagner par un garçon pareil, mais Berit n'avait pas le choix, puisqu'elle ne pouvait le décider à faire volte-face.

Le soleil tapait fort. Berit serrait la main de Tor :

— Cette fois, tu regarderas les nouvelles socquettes que papa m'a données !...

Tor jeta un nouveau coup d'œil, de biais, sur les socquettes, sans tourner la tête, et ce fut tout. Il ne dit pas un mot, et une fois de plus Berit s'emporta :

— Que tu es bête ! Mais je te raconterai pourtant comment j'ai eu ces socquettes. J'ai demandé à papa : « Qu'est-ce que tu m'as acheté ? » Il a répondu : « Viens voir ! » et il a pris un paquet sous son oreiller et il a dit : « Elles sont faites avec de la laine d'agneau blanc ». Cette fois-ci, je pense que tu as entendu ?

La dernière phrase fut dite de manière à bien frapper Tor ; mais il continuait à ne pas souffler mot, et à tirer tout simplement Berit par la main, pour arriver plus vite là où se trouvaient les gâteaux. Alors Berit fut d'avis qu'elle avait bien le droit de s'emporter contre cet imbécile de Tor. Il méritait une bonne correction, et elle allait la lui donner sur l'heure... Elle le poussa donc avec violence hors du chemin, dans l'intention de trouver la baguette appropriée.

— Non ! non ! gâteaux ! dit Tor.

Mais il parlait en vain. Berit était la plus forte. Il fut bien obligé de la suivre.

— Tu vas recevoir une correction, criait-elle, rouge de colère ; tu n'es qu'un...

Mais, arrivée à ce point de son discours, Berit s'enfonça

dans une flaque d'eau dissimulée sous de hautes herbes, et, avant même de se rendre compte de ce qui lui arrivait, elle se trouva dans la boue jusqu'aux genoux. Et les socquettes !...

Au même instant, elle vit ricaner Tor. Quel affreux garçon !

Mais Berit ne songeait plus à le frapper. La correction qu'elle avait eu l'intention de lui administrer n'avait plus de sens. Berit restait pétrifiée devant l'aspect qu'avaient pris les socquettes blanches ; ce n'étaient plus que des loques dégoûtantes.

Les larmes lui montaient aux yeux.

Berit était si interdite, si désolée, que Tor en fut ému. Sans même avoir conscience de ce qu'il faisait, il fut devant elle, le visage rayonnant. Son sourire allait jusqu'aux oreilles. Puis, s'approchant encore plus de Berit, il lui prit la main et la regarda bien en face :

— Gâteaux !

Ce mot était, pour lui, la consolation la plus efficace.

Elle secoua la tête.

— Je n'ai pas envie de gâteaux en ce moment ! dit-elle gravement.

Mais lui continuait à sourire. Ce sourire pénétra en elle et lui fit du bien.

— Allons ! dit-elle, d'une voix qui tremblait encore.

Et Tor, les yeux toujours fixés sur ceux de Berit, se remit à marcher.

— Jamais plus, je ne te frapperai, Tor, dit-elle, quand ils se retrouvèrent sur le sentier bien sec.

Leurs visages, à tous deux, étaient empreints d'un grand sérieux. Mais, tout à coup, celui de Tor s'éclaira :

— Non ! dit-il.

— Et tu ne me frapperas pas non plus, dit Berit ; car elle sentait monter en elle la peur de quelque chose d'inconnu.

Tor répondit encore : « Non ! » à tout hasard ; peut-être simplement parce que son vocabulaire était limité.

— Tu ne sais donc pas dire autre chose que : oui et non ? s'écria Berit.

Il eut un large sourire :

— Gâteaux !

Ce mot possédait, sans doute, une force assez puissante pour faire taire les deux enfants, et les obliger à hâter le pas. Berit, cependant, ralentit bientôt son allure, à l'idée de rentrer à la maison, chaussée de pareilles socquettes. D'ailleurs, elle ne put ni s'arrêter, ni changer de direction, car Tor veillait au grain. Chaque fois qu'elle ralentissait le pas, la solide petite main tirait plus fort la sienne, et, en somme, c'était un soulagement que de céder à cette volonté qui la poussait vers les gâteaux.

Certes, Tor était un très petit garçon, fort mal élevé pour avoir fait dans sa culotte, mais qu'y faire ?

Berit tressaillit. Déjà on voyait la maison et le sentier y menait tout droit. La main de Tor blanchissait aux jointures, tant il tenait ferme celle de Berit. Ses jambes torses semblaient rouler vers le but.

— Il n'est pas sûr du tout qu'on nous donne des gâteaux, dit Berit.

Tor ne l'écouta même pas, et, du reste, ils arrivaient à la porte. Berit poussa Tor en avant, et ils se trouvèrent, sans presque s'en apercevoir, dans la pièce si blanche, si jolie, qu'emplissait une bonne odeur venant du four. Maman était seule. Anne n'était pas encore rentrée. Maman leur tournait le dos.

Berit s'adressa à ce dos .

— Est-ce qu'on peut avoir un gâteau tout de suite ?

— Où as-tu donc été ? interrogea maman, sans se retourner. Je commençais à m'inquiéter sérieusement à ton sujet.

— Je suis venue avec Tor, balbutia Berit, il est si...

Elle s'interrompit en voyant le regard que lui jetait Tor. Ce regard l'émouvait ; il la suppliait de se taire. Mais maman avait l'expérience des choses. Elle renifla légèrement :

— Voilà donc ce que tu as fait ? Tor !

Il parut rapetisser encore sous l'humiliation. Mais alors maman vit les socquettes :

— Berit, qu'est-ce que cela veut dire ?

Comme l'exigeaient les circonstances, Berit avala sa salive.

Au même instant papa entra, lui aussi :

— Quelle horreur ! s'écria-t-il, en fronçant le nez.

Puis il aperçut à son tour les socquettes. Mais, avant qu'il pût dire un mot, un déluge de larmes inonda le visage de Berit.

— Ouf ! dit papa, et il ressortit de la pièce plus vite qu'il n'y était entré.

Berit le suivit des yeux, et ses larmes s'arrêtèrent. Papa en avait certainement assez de ces gosses pour un bout de temps, mais cela passerait.

Maman cependant paraissait prendre au sérieux l'aventure de Tor, bien qu'il ne fût pas l'un de ses enfants. Elle s'adressa à lui avec un soupir :

— Qu'allons-nous faire de toi ?

Tor restait immobile. Il était comme ratatiné ; on aurait dit qu'il cherchait à disparaître sous terre. Puis il dit humblement :

— Gâteaux ! comme s'il se risquait à proposer un petit remède au désastre.

Berit tourna vers maman un regard effrayé ; mais elle vit les lèvres de maman se plisser comme pour dissimuler un sourire :

— Tu crois vraiment que je vais te donner des gâteaux ? Allons ! viens d'abord ici, Tor.

Et, en soupirant encore, elle le coucha sur ses genoux, et fit ce qu'il fallait faire. Tor ne soufflait plus mot des gâteaux. Il n'était plus qu'un pauvre petit, tout honteux.

Et Berit regardait le visage qui, tout à l'heure, s'était tourné vers elle, si rayonnant. En ce moment, il ne rayonnait plus.

— Je ne l'abandonnerai jamais, songea-t-elle.

— Ote tes socquettes, Berit ! dit maman, comme en passant.

Berit s'assit, et ôta son élégante parure. Hélas ! les pauvres socquettes n'avaient plus rien d'élégant, elles qui avaient été si jolies ! Berit revoyait la scène du matin. Elle était seule avec papa dans la chambre, et les yeux de papa s'emplissaient d'une grande douceur. « Qu'est-ce que tu as acheté ? — Viens voir ! Elles sont faites avec de la laine d'agneau blanc... » La journée avait commencé comme dans un des nuages d'or qui voguent dans le ciel, tout là-haut !

Berit aussi soupira. Comme elle ôtait ses socquettes, elle sentit qu'on lui touchait le dos, et, se retournant, elle vit Tor, tout propre et qui la regardait...

Là-bas, sur le chemin, il avait levé vers elle un visage plein de lumière. Le cœur de Berit bondit vers lui. Elle avait trouvé ce petit Tor, et maintenant ils resteraient ensemble. Chaque jour elle s'occuperait de lui. Tant pis s'il était petit !

Berit alla chuchoter à l'oreille de maman :

— Veux-tu lui donner des biscuits ?

— Mais bien sûr ! dit maman.

LE PETIT TRASK

Ses yeux brillent juste au-dessus du pupitre, tel un petit soleil par-dessus la crête d'une montagne ; mais dans ces yeux, rien ne rappelle le soir. Le regard du petit Trask est promesse et attente.

Ils suivent tous les mouvements d'une jeune fille svelte, la maîtresse d'école. Elle ne sait pas qu'il la regarde, semble-t-il.

Le petit Trask voit l'anxiété rougir ses joues. Sa mise est certainement plus élégante qu'à l'ordinaire. Bien qu'elle soit toujours joliment habillée, aujourd'hui elle porte sa robe des jours de fête. Elle est rouge et inquiète, car c'est jour d'inspection, avant la clôture annuelle.

De vieilles personnes inconnues sont assises à la grande table, pour décider si la jeune maîtresse d'école est à la hauteur de sa tâche.

Elle a raconté à toutes les petites têtes rondes, alignées devant les pupitres, que c'est sa première inspection. Sans doute la tête lui tourne, tant elle est inquiète ! Et le petit Trask sent également la tête lui tourner, mais, chez lui, c'est affaire d'impatience.

Le petit Trask passe, lui aussi, pour la première fois un examen. Et il *saura* répondre, c'est certain. Tous ne sont pas dans son cas, à ce qu'il entend. Son cerveau est près d'éclater. Il sait parfaitement sa leçon, mais il faut veiller à ce que les paroles ne jaillissent pas d'elles-mêmes. Il se rappelle l'époque où il faisait tant d'efforts pour retenir ses leçons. Et puis, tout à coup, sans qu'il y pût rien, les choses tournaient mal.

« Ne m'appellera-t-elle donc pas bientôt ? Il faut pourtant que mon tour vienne ! »

En ce moment, les grands et les petits sont tous ensemble dans la salle ; et la jeune fille va de-ci de-là, pose des questions ; elle s'adresse à tour de rôle à chacun. Celui qu'elle interroge a un léger sursaut. L'atmosphère est tendue dans la salle. C'est une atmosphère d'incertitude, d'angoisse.

Mais le petit Trask sait sa leçon. Il la sait exactement comme dans le livre. On lui a donné une leçon à apprendre pour aujourd'hui, et, en somme, il devrait lire ces phrases dans le livre ; mais il les sait par cœur ; il les a apprises avec tant d'ardeur !

Il lève les yeux vers la jeune fille, assise sur sa chaise ou circulant entre les pupitres. Elle pose des questions. Il ne peut attirer son regard, qui ne se fixe jamais sur lui. Elle regarde par-dessus le petit Trask et choisit de s'adresser à un autre. On dirait que, seul, le hasard la guide.

Elle interroge un écolier assis juste derrière le petit Trask:

— Après cela, que fit Moïse ?

La réponse est un peu hésitante. L'autre ne sait pas sa leçon ! Il n'y en a qu'un seul qui la sache bien !

Au travers de la vitre, le petit Trask aperçoit un peuplier au feuillage d'or. Une vapeur parfumée l'entourerait si on le secouait. Qu'il est donc ennuyeux d'être assis devant son pupitre, quand, au dehors, il y a des choses aussi ravissantes !

Ce feuillage est délicieusement odorant. La salle de classe, elle, sent le renfermé ; trop de gamins la remplissent. Elle sent aussi la vieille peinture, chauffée par le soleil. Les doigts sentent l'encre, la gomme, le crayon à mine de plomb. D'ailleurs l'odeur des crayons n'est pas la pire. Il est possible de découvrir en eux un véritable parfum.

Peut-être sont-ils faits avec du bois du Liban ? Le bois est rose et tendre, lorsqu'on le taille ; son odeur est différente de celle des autres bois.

Le peuplier, là-bas, se dépouille de son écorce en ce moment : de quoi faire combien de sifflets ? Le petit Trask entend le son de la flûte : on dirait un ruisseau clair, qui s'écoule là-haut, dans le vide, sans jamais descendre...

— Et ensuite que dit Aaron ?

On entend un soupir. Les petites têtes rondes n'apprécient pas la situation. Ils comprennent que cette inspection vise uniquement à tourmenter les gens. Il est bien difficile de se battre avec Moïse et Aaron, lorsque au dehors on perçoit les sons d'une flûte invisible...

Et la sève du peuplier !.. Quelle joie de lécher le tronc lisse, au moment où l'écorce s'en détache, de lécher cette peau fine et gluante ! Le petit Trask en goûte la saveur sur ses lèvres, et pourtant il ne songe en réalité, qu'à être interrogé. On dirait que des rameaux de saule fraîchement décortiqués, lui caressent la langue et cherchent à le détourner de son devoir par leur suave enchantement.

Oh ! pouvoir fabriquer une canne avec une branche de saule ! en détacher l'écorce en spirale, et sucer l'écorce, et la colorier avec de la sève brune !...

Le petit Trask soupire : « Je ne suis qu'un petit garçon, et, dans le monde, il y a des baguettes de peuplier.., »

Non, non, il n'y faut pas penser. A présent, c'est l'inspection ! Le petit Trask sait sa leçon sur le bout du doigt. « Ne me vois-tu donc pas ?... » Non ! elle interroge tous les autres...

Et ses joues sont toujours très rouges.

Un jour, en hiver, la maîtresse leur a parlé des branches rouges du peuplier : de vraies branches, les toutes premières. C'était bien curieux !

Au dehors, il faisait un froid terrible, et le feu crépitait dans le poêle. La jeune fille parlait des bergers, dans un pays lointain où il faisait chaud. Il y avait des branches décortiquées dans les ruisseaux où buvaient les troupeaux. Les moutons, en buvant, devinrent les uns tachetés, les autres noirs, disait la maîtresse.

De toutes les histoires qu'elle racontait, celle-là avait fait sur le petit Trask la plus vive impression, car elle parlait de branches décortiquées, qu'il connaissait si bien lui-même. Le parfum du peuplier pénétra dans la salle de classe en plein hiver, ce jour-là.

Le peuplier, les ruisseaux, les ombres et le soleil, les moutons à la toison tachetée qui bondissaient hors de l'eau : la maîtresse racontait l'histoire de telle façon qu'ils en demeuraient tous muets d'émotion, ses camarades et lui. Et pourtant, ils avaient entendu ce récit à plusieurs reprises. Tout à coup, elle s'asseyait, et l'histoire naissait sur ses lèvres...

En rentrant chez lui, la première fois qu'il l'entendit, le petit Trask était allé chercher la lourde Bible, pour relire tout, depuis le début. Quel plaisir ! La maîtresse n'avait pas tout raconté au sujet des branches, des moutons, des chèvres de ce rusé Jacob. Le petit Trask comprit sans peine pourquoi : il avait vu assez de moutons depuis des années pour le savoir.

Mais il trouvait bien plus amusant d'écouter la maîtresse que de se plonger lui-même dans la Bible. Elle ajoutait au récit tant de commentaires, qui ne se trouvaient pas dans le texte.

Une pensée hardie se présenta à son esprit : répéter l'histoire à l'instant même. Pourquoi pas ? Ce serait bien de la raconter à ces gens assis autour de la table. Ce récit, qui parle des branches de peuplier, d'eaux mugissantes, de moutons qui buvaient de cette eau, et qui se multipliaient pour que Jacob devînt un riche... Mais non ! elle ne va pas raconter cela...

Et, brusquement, le petit Trask se rappelle sa leçon. « Dis-moi de commencer !... Ne peut-elle donc pas me regarder ? Tu m'as bien vu, d'autres fois ! Pourquoi pas aujourd'hui ? »

Mais elle ne le voit pas.

Non, elle ne le voit pas.

Il lui semble qu'un courant froid monte vers elle, venant de la grande table où sont ses juges. Que faut-il penser de toi, petite ? Es-tu capable de remplir ta tâche ?

L'inquiétude rougit ses joues. Elle circule nerveusement entre son estrade et les bancs. Inutile de se dire que cette inspection ne signifie pas grand-chose. Pour elle, son importance est grande. C'est la première fois, et il faut qu'elle se tire à son honneur de cette épreuve. Il faut que ceux qui sont à la grande table s'aperçoivent qu'elle a fait du bon travail, cet hiver. Il faut qu'ils l'attestent par écrit.

Elle voit bien le petit Trask, et ses yeux brillants, et sait qu'il est prêt à réciter sa leçon, mais elle songe qu'il lui faut trouver autre chose pour lutter contre ce courant glacé.

Si le petit Trask débite sans faute ce qu'il sait, cela ne voudra rien dire du tout : il est si petit que ceux qui sont assis autour de la table n'y prêteront aucune attention.

Elle-même est nouvelle ; c'est une étrangère, pour eux, et elle est obligée de se défendre contre ces examinateurs si froids. Il lui faut s'adresser aux plus grands, et obtenir d'eux des réponses différentes de celles que peut donner le petit Trask.

Elle fait un choix, puis renonce à son choix. Elle cherche les visages qui expriment la certitude du savoir.

Le petit Trask attendra son tour. Mais il ne la quitte pas des yeux. Elle s'en rend bien compte, et se souvient de l'affection qu'elle a lue dans ces yeux d'enfant au cours de tant d'heures de cet hiver. D'autres regards ont brillé d'affection pour elle, également, mais certains, pourtant, étaient prêts à la moquerie.

Elle se trompe de noms une fois ou deux, et, aussitôt croit voir doubler le nombre des examinateurs, et leur attitude se raidir encore. Il lui arrive de poser une question tout de travers, et les rires fusent entre les bancs.

La jeune fille rougit comme un coquelicot.

Par hasard, elle est alors juste à côté du petit Trask. Enfin, leurs regards se rencontrent. Sur le visage du petit Trask il n'y a nulle expression railleuse. Il ne se moque pas d'elle parce qu'elle a été sotte. Il n'a pas entendu l'erreur qu'elle a commise. Il se contente de la regarder avec une expression d'attente : ne m'oublie pas ! ne m'oublie pas ! et elle est prête à lui faire signe.

Elle est faible, inexpérimentée, et elle a besoin d'un appui.

Tout à coup, elle a compris que le seul être dont elle puisse attendre quelque secours, c'est le petit Trask, et pourtant elle n'ose pas encore user de cette chance. Si elle en appelle au petit Trask, elle épuisera toutes ses ressources d'un coup, et elle n'en sera que plus pauvre. En ce moment tout au moins, le petit Trask est là comme une promesse. Il est l'attente de quelque chose qui va venir, et c'est ce dont elle a besoin.

Non, ce n'est pas encore son tour ! Elle s'arrache à son désir de recourir à lui, et appelle un autre nom que le sien.

Tout cela n'a duré que l'espace d'un éclair : depuis les ricanements jusqu'à cette reprise d'énergie. Mais peut-être le petit Trask va-t-il perdre espoir ?

Il ne perd pas tout espoir, le petit Trask.

Elle jette un coup d'œil de son côté, et le voit assis à sa place, bouillant d'impatience, comme tout à l'heure. Aucun signe de découragement chez lui.

Voilà comment il est, le petit Trask ! La jeune maîtresse a envie de l'embrasser.

Ses regards se reportent vers la table des juges : pas un muscle des visages n'a bougé depuis qu'ils sont venus occuper leurs sièges.

Elle croit sentir le plancher se dérober sous ses pieds. « Suis-je donc une incapable ? » Son front se couvre de gouttes de sueur. Il fait trop chaud dans la salle de classe, et, à la chaleur, s'ajoute la crainte de ne pas être capable de mener une école.

Quelqu'un tousse, du côté de la table. Ou bien est-ce le bruit d'un papier froissé ? La sombre commission d'examen fait entendre une petite toux. Serait-ce un dernier avertissement ?

La mission qui lui a été confiée danse devant ses yeux. Les vieux livres de Moïse parlent un langage plein d'une lourde et mystérieuse signification, menaçant, imprégné d'une odeur singulière. Les membres de la commission d'examen lui ont imposé ces vieux livres, en même temps que les petits écoliers agités, dont elle est responsable. Elle n'a d'autre ressource que de se plonger encore dans sa besogne.

Elle essaie de se dire : « Rappelle-toi cet hiver... Qu'est-ce donc qui m'annihile à ce point, aujourd'hui ? Il faut me ressaisir : les montagnes là-bas, les brumes, la voix des amis, les chameaux, les serpents, la température de serre chaude, les tentes, les biens et les troupeaux immenses, les généalogies, les histoires d'amour... Tire-toi de tout cela à ton honneur ! »

La jeune fille bégaie ; elle hésite, s'arrête.

Les écoliers, derrière leurs pupitres, se rendent certainement compte que tout ne va pas comme il faudrait.

Mais elle a, en quelque sorte, fait jaillir une étincelle en eux, cet hiver ; ils sont tous de son côté. Ils ne ricanent plus ; ils sont graves, et quelque peu inquiets. Ils devinent, à le regarder, qu'elle souffre. Les plus paresseux font taire en eux l'envie de rire et de s'amuser. Tous se rappellent secrètement ce qu'ils lui doivent. Ils comprennent obscurément qu'elle est en danger, et ils observent l'expression changeante de son visage. Ils voient ses joues se colorer ; ils voient qu'elle a peur ; ils se regardent entre eux ; regardent la maîtresse ; regardent les examinateurs. Ils jettent à ceux-ci des coups d'œil haineux, car c'est d'eux que vient le danger.

Celui qui est interrogé tressaille, essaie de toutes ses forces de se rappeler ce qu'il sait.

Et, au milieu des autres, les yeux du petit Trask luisent imperturbablement. Rien n'ébranle sa confiance. Ce regard est la seule chose dont la maîtresse ait besoin, car la pensée que les autres partagent son inquiétude, ne la diminue pas. Si elle perd l'appui du petit Trask, elle n'en pourra plus. Et alors, il y aura une note fâcheuse sur le papier...

« Oh ! qu'il fait chaud, dans cette salle ! Il me faut de l'air ; ouvrir cette fenêtre... » Elle l'ouvre brusquement... Au dehors, le feuillage doré du peuplier est agité d'un frémissement silencieux.

— Veuillez m'excuser ; il fait trop chaud ici ! dit-elle, en se tournant vers la table des juges.

Un signe de tête imperceptible, en guise de réponse. Et une nouvelle petite quinte de toux du côté des autorités... Que signifie-t-elle, au juste, cette petite quinte ?

La jeune maîtresse est prise du désir presque irrésistible de s'enfuir. On devrait pouvoir se précipiter dans le printemps, au dehors, se perdre dans le feuillage du peuplier, sentir tomber sur soi les vagues de pollen jaune...

« C'en est fait de moi, sans doute... »

Le petit Trask tremble d'impatience. Il essaie de l'influencer par son désir : « Raconte donc l'histoire des baguettes ! »

Sa pensée ne s'écarte pas d'elle un seul instant : « Les baguettes ! les baguettes ! », dit-il tout bas, et il ne cesse de répéter ces mots. En la voyant tournée vers le peuplier, il sent battre son cœur avec violence.

Il regarde les branches du peuplier : elles *lui* appartiennent, en somme à lui, Trask, car il y a en lui cette musique de flûte, et sur sa langue la saveur de l'écorce fraîche. Et puis il y a ces baguettes que l'on finit par fabriquer, et que l'on tient à la main pour jouer. Et, à présent, dans la tête du petit Trask, les images se multiplient. Il voit des nappes d'eau transparentes, pleines de baguettes striées, tandis que des brebis blanches s'ébattent et boivent ; après quoi leurs agneaux sont noirs. Le soleil pique ; les ombres sont précieuses. Jacob le rusé fabrique quantité de baguettes, et les plus belles brebis blanches sautent droit dans l'eau et boivent celle où plongent les baguettes, et tous les agneaux sont ou bien tachetés, ou bien noirs, de sorte qu'ils reviennent de droit à Jacob.

« Raconte !... », insiste le désir du petit Trask. On dirait qu'il s'agit de sa vie « Je vous dirai ensuite ma leçon, mais raconte tout de suite ! »

Le petit Trask ne se rend même pas compte de la présence de ses voisins ; il ne voit pas leur agitation. Il ne voit pas davantage les inspecteurs. Il ne voit que la jeune fille apeurée, qui s'appuie contre la vitre, et dont le visage a une expression inquiète.

— Viens ! dit une voix au fond de lui-même. Viens !

Et la jeune fille s'émeut.

Le petit Trask est fort.

Elle se détourne de la fenêtre et du peuplier, et vient vers le petit Trask, comme en rêve. Il la voit venir, tandis qu'il l'appelle : « Viens ! Viens ! », tout bas, en lui-même.

Maintenant son visage ne rougit plus. Elle est pâle, et son front est couvert de sueur. Il y a une place à l'extrémité du banc, à côté de lui, et elle s'y assied, puis elle se tourne vers lui ; il voit les gouttes de sueur sur son front.

« Les baguettes », murmure-t-il dans un souffle, à côté même de la jeune fille. C'est à elle qu'il parle.

Les mots qu'il dit sont des paroles magiques, et ils ont réellement un effet magique. Elle cède à l'impulsion de ces mots.

Que devine-t-elle tout à coup ? A quoi se raccroche-t-elle? Elle se relève d'un bond. Tous les regards se fixent sur elle avec surprise ; ils vont comprendre qu'après tout, elle n'est pas si incapable que cela !

Elle s'avance devant la rangée des bancs. Son pas est libre, dégagé. En un clin d'œil, elle a repris la maîtrise de ses nerfs. La joie l'emplit ; la peur de tout à l'heure a disparu. Ce qu'elle croyait perdu ne l'est pas. Voici les petits ! La voici, elle, comme auparavant !

Avant que personne sache trop comment, elle est arrivée là où elle doit arriver. Elle a dépassé le peuplier qui, là-bas, est en train de perdre son écorce ; elle a dépassé les gamins qui taillent son écorce ; elle en est à présent aux récits de cet hiver. Les quelques réponses que lui font les enfants, qui ont retrouvé leur ardeur, l'autorisent, croit-elle, à en faire de simples auditeurs, tandis qu'elle poursuit son récit. Elle n'en demande pas l'autorisation. Tout se passe entre elle et les enfants, comme au cours de l'hiver. La pesante angoisse a disparu, et la jeune fille se retrouve en pleine forme. Elle bâtit, elle crée, elle ne perd plus rien.

Une petite toux se fait entendre pendant qu'elle raconte l'histoire ; mais peu lui importe cette petite toux.

La jeune maîtresse est tournée vers le petit Trask ; c'est à lui qu'elle raconte l'histoire.

Encore une petite quinte de toux : avertissement auquel elle ne prend pas garde. Elle fait son récit bien plus long qu'il ne conviendrait : elle le fait au petit Trask.

Et personne ne tousse plus, là-bas ! Tout est silence, comme si chacun prêtait l'oreille. La commission d'examen est bien loin, à l'arrière-plan, et ne signifie plus rien. La jeune fille est tournée vers le petit Trask, qui l'a délivrée. Elle le voit rayonner de ferveur, littéralement.

Il n'y a plus d'histoire à raconter, mais elle sait que tout obstacle est surmonté. Elle pose encore quelques questions bien nettes. Ils comprennent aussitôt ce qu'il faut répondre. Elle passe de banc en banc. Les réponses se succèdent.

Elle voit le Président de la commission faire un signe de tête par-dessus la table au second inspecteur. Et, tout à coup, elle se dit que, dans son inquiétude, elle a eu raison d'eux : elle est à la hauteur de sa tâche : « Je sais mon métier ! »

Une joie secrète la submerge et, enfin, elle s'adresse à celui qui l'a protégée. Maintenant son tour est venu de dire ce qu'il sait. Point n'est besoin de penser encore à lui comme à une planche de salut ! Là-bas, le petit Trask est radieux. Enfin, il voit venir ce qu'il attendait !

Elle prononce son nom ; *son* nom ! Ce nom résonne comme un nom nouveau :

— Voyons ce que tu sais, toi ?

L'heure est venue ! Et il n'a pas oublié un seul mot de ce qu'il sait. Tout est prêt. comme un sac de petits pois !

Mais tout a été si bouleversant pour le petit Trask, qu'il est incapable de proférer le moindre son.

Bien qu'il essaie de ne penser qu'à la leçon qu'il doit réciter, le reste bruit dans sa tête comme une nuée de taons un jour d'été, et sa gorge ne prête aucun son aux paroles que forment ses lèvres.

La jeune fille, joyeuse, s'adresse d'abord à ceux qui sont assis autour de la table :

— Chut ! Ecoutons-le !

On entendrait voler une mouche...

Et, dans ce silence, s'élève tout à coup un bruissement pareil à celui de la brise chaude. Rien qu'un murmure... C'est le petit Trask qui débite sa leçon, et qui n'en oublie pas un seul mot, mais sa voix est absurdement étouffée.

Quelqu'un est sur le point d'éclater de rire, mais un regard sévère de la jeune fille empêche aussitôt le désastre.

Toute la salle regarde le petit Trask : c'est un muet, qui raconte de grands événements, et ses paroles ne sont qu'une chaude brise. Mais il sait tout, tout !

Il ne se rend pas compte qu'il ne parle pas à haute voix ; il est tout simplement heureux. La leçon sort de ses lèvres, pareille à un souffle.

Il la voit, qui lui fait signe : ce qu'il dit est juste. Elle le soutient ainsi par ses hochements de tête, tout au long de sa récitation, et il voit combien elle est heureuse.

Les autres écoutent. Tout est merveilleux !

« Peut-être devrais-je parler plus vite », songe-t-il ; et il presse le mouvement. Mais il est toujours sans voix.

Ses yeux ne quittent pas la jeune fille, à laquelle il veut donner tout ce qu'il a...

CELUI QUI RENTRA LE DERNIER

Dans la forêt, à la fin de l'automne, longtemps après la Toussaint, c'est l'époque de l'abatage.

La forêt est pleine de chevaux, d'hommes, de coups de cognée, d'appels et du lourd choc des arbres, qui s'abattent sur le sol.

C'est la douce fin de l'automne sans neige ; seule, une toute petite pluie tombe sur les collines.

Un homme conduit un cheval brun. Le cheval tire des troncs d'arbre jusqu'aux piles. L'homme porte une cognée au creux du bras. Derrière lui trotte son fils adolescent, avec un levier sur l'épaule. On traîne les troncs, au moyen de crampons, sur les aiguilles de pin, au travers des éboulis et des broussailles. De temps à autre un tronc reste coincé : c'est alors que le garçon fait usage de son levier, pour le dégager. Et les troncs arrivent à la pile brun clair, odorante, sur laquelle on les hisse les uns après les autres.

Tout autour, on abat des arbres. La forêt est contrainte de donner ce qu'elle possède de meilleur, et elle y consent. En ces jours calmes et tristes qui suivent la Toussaint, la forêt s'écroule par grandes masses. Les arbres s'alignent sur le lit d'aiguilles, tels d'énormes cierges non allumés.

— Knut ! dit d'un ton bref l'homme qui conduit le cheval.

Le jeune homme tressaille :

— Qu'y a-t-il ?

— Viens dégager ce tronc ! Ne le vois-tu donc pas ?

Knut se dépêche d'obéir.

— A quoi penses-tu, aujourd'hui ? reprend l'homme durci par les années.

L'adolescent fait une réponse évasive :

— A rien ! dit-il.

— Tu marches comme un somnambule !

— Bien sûr que non ! riposte Knut.

La forêt résonne du bruit du travail. Les heures s'envolent. Entre les sapins, une fumée s'élève.

Il est midi : odeur de fumée ; odeur de friture ! Les bûcherons s'asseyent pour manger. Leurs mains sont couvertes de résine. Des milliers et des milliers de troncs ont jailli du sol sur ce versant.

— Te voilà chez toi, Knut !

Quoi ? Qui a parlé ? Personne ; mais c'est bien ces mots qui sont dans l'air aujourd'hui.

— Tu es chez toi !

Un monde simple, vrai, merveilleux, s'ouvre pour Knut, tel un don précieux en cet endroit où il est né. Il circule entre les troncs abattus, et les milliers d'autres qui sont encore debout. Aujourd'hui, il a trouvé sa place. C'est un jour qui compte, pour un homme !

— La nuit tombe ! dit l'homme au cheval. Les jours sont courts. On n'arrive plus à rien faire.

Le conducteur arrête son cheval sous un sapin, où l'on se repose d'ordinaire.

C'est un gros sapin, aux rameaux touffus. On aperçoit les restes d'un feu éteint entre des pierres, et une cafetière noire, à côté de deux tasses retournées.

Bois résineux ; rouges aiguilles de sapin ; herbes noircies... Mais là où s'est arrêté le cheval, le sol est resté vert. Le cheval revient, mais pas pour stationner au même endroit. Son maître a dételé le chariot, et l'a dressé contre un arbre. Il prend sur son dos le sac de foin vide, et murmure quelques mots à l'adresse du cheval. Celui-ci est las, mouillé. En route, il a été effleuré par les branches de bouleau nues et dégouttantes d'eau. Il a dû passer sous des arbres, aux branches basses et humides ; il a piétiné des broussailles trempées, tout en tirant son fardeau, Mais, à présent, le maître parle au cheval fatigué. C'est une bonne parole qu'il lui dit tout bas. Le cheval incline la tête et écoute.

— Nous partons ! dit ensuite l'homme à Knut, le jeune garçon, qui est seul, là-bas.

— Oui, dit Knut, brièvement.

— Nous rentrons à la maison ! crie l'homme aux bûcherons, dont les coups de cognée retentissent à proximité.

— Oui ! répondent les autres.

Ils ne sont pas loquaces, eux non plus ; c'est ainsi, quand on vit dans les bois.

Sur un tapis de branches de sapin, de grands troncs, tout prêts à être emportés, sont étendus. Les troncs sont droits, nus et blancs ; ils sont encore clairs, car on vient de les abattre ; et la sueur n'a pas encore séché sur les visages des bûcherons, qui les ont fait tomber. Il y a quelques instants encore, ils dressaient leurs tours et leurs flèches.

Les bûcherons ne viennent pas tout de suite. Sans doute, la pile de troncs n'est-elle pas encore assez haute ? Les jours sont courts et le salaire en sera diminué.

L'homme crie :

— Venez donc, vous autres !

— Mais oui !

— Il fait trop sombre pour travailler encore.

Et tout à coup, ils sentent combien ils sont las. Ils s'approchent, enjambant lentement les troncs et les branches. Ils s'emparent de leurs sacs usés, laissant sur place la cafetière et la poêle à frire.

...Un peu plus loin, on entend un fracas, comme d'une lourde chute. Tout le monde tend l'oreille.

— Hé ! dit l'un des bûcherons.

Les autres disent :

— C'est un dur morceau !

Encore un bruit de tonnerre. Puis un objet lourd racle la terre humide. Là-bas, on déverse des troncs, le long de la pente, vers la rivière du fond de la vallée.

— Rentrons ! dit un des bûcherons. Je n'en peux plus !

Son chandail est trempé et est en loques. Il porte à la main une branche de sapin garnie de boules de résine. Ces boutons dorés sont bons à sucer. Mais le bûcheron mâche du tabac.

Son camarade lui dit :

— Pourquoi emportes-tu ça ?

L'autre répond :

— C'est pour les gosses.

Le cortège se met en marche, le cheval en avant. Il est grand, intelligent et fatigué. Son attention est tournée vers l'écurie tiède qu'il connaît. Les sabots résonnent sur les pierres du chemin. On entend cliqueter le harnachement de cuivre, de métal argenté et de fer. Il n'y a qu'à suivre, tranquillement.

Et les hommes s'en vont à la file. Chacun pense à sa cabane, à sa lumière, à son poêle, à sa table servie, à sa famille....

Les hommes et le cheval traversent la forêt comme le soc d'une charrue. On croirait les arbres serrés les uns contre les autres, mais ils semblent s'écarter pour livrer passage aux hommes.

— Où est Knut ? demande celui qui conduit le cheval, et il arrête brusquement l'animal.

Tous se retournent. Knut n'est plus là !

Chacun s'en est allé, plongé dans ses pensées, et ils n'ont pas remarqué que Knut restait en arrière. Ils crient :

— Knut !... Knut !..,

Et, d'abord, ce n'est que l'écho de la sombre montagne qui répond.

Ils crient plus fort...

— Oui !... Oui !... fait une voix, au loin.

— Viens !

Dans la brume, on entend encore le : « Oui ! » de Knut.

Alors les hommes fatigués n'insistent plus. Ils se dirigent vers leurs foyers. Et, tandis qu'ils s'en vont ainsi, le cheval avance tout seul : à la maison ! à la maison ! C'est le soir, le repos, la nuit sans rêves !

Knut est là-bas. Il les regarde. Il les laisse partir.

Il rentrera le dernier.

« Knut !... » Personne n'a prononcé son nom, bien qu'il croie l'avoir entendu. Et il l'entend encore... « Knut ! »

Il reste ; laissant les hommes et le cheval s'évanouir entre les grands arbres.. Ce soir, il rentrera plus tard que les autres.

Il lui faut regarder la majestueuse forêt, qui se prépare pour la nuit, regarder le jeu de l'ombre, qui monte du sol, qui vient du ciel, qui jaillit de l'horizon. Il est prisonnier de ce lieu.

Il ne sait ce qui lui arrive, mais il semble qu'il doive passer toute sa vie dans la forêt, pour que cette vie soit juste et vraie.

De la pente vient un bruit de tonnerre. Les hommes envoient toujours troncs sur troncs. Knut se dirige de leur côté. Les troncs raclent le sol, faisant voler le menu gravier.

Au fond de la vallée, la rivière sombre coule du Nord vers le Sud. De toute éternité, elle a coulé du Nord vers le Sud.

Knut va donner un coup de main aux autres : il tire lui aussi les troncs pesants.

— Laisse donc ! disent les hommes. Tu es bien assez fatigué ! Et puis, l'heure du repos est arrivée pour nous aussi !

— Bonsoir, les amis !

— Bonsoir, Knut ! répondent-ils cordialement.

Il s'en retourne chez lui ; mais il sait qu'il sera le dernier à rentrer. Les autres vont aussi vite qu'ils le peuvent, eux.

Cette soirée a tout à coup pris forme d'introduction, d'initiation à une vie qui se passera tout entière au milieu des arbres et des camarades taciturnes. Jamais Knut n'en a senti aussi intensément le puissant attrait. Et pourtant, il ne saurait dire ce qui différencie ce soir-là des autres soirs, d'hier et d'avant-hier. Hier et avant-hier l'air sentait les troncs fraîchement abattus, qui sont couchés sur le sol comme des cierges de la Toussaint. On entendait hier et avant-hier, le même doux murmure dans la montagne, le même bruit de tonnerre sur les pentes abruptes ; le grincement des chaînes de fer, les cris des conducteurs ; les heurts des sabots et des branches sur la pente. Des coups brefs : fracas des arbres qui tombent à la renverse entre leurs compagnons encore debout, mais tout tremblants...

Il en était ainsi hier et avant-hier, et les jours d'avant... Il en était ainsi l'an dernier, et autrefois, quand le père était un jeune garçon. Tout se passait de la même façon dans la forêt...

Cependant, ce soir, il se passe quelque chose de nouveau, rien que pour Knut. Ce soir, il semble que Knut se trouve dans une grande famille. Il est lui-même l'enfant de ces collines, de ces vallées, de ces eaux au cours paisible. Il est un fruit de ce pays, un enfant de ce sol.

Ce soir, son âme s'ouvre à toute chose...

C'est pourquoi il sera le dernier à rentrer chez lui.

SAMEDI SOIR

La lourde cuve posée sur le fourneau bout si fort que toute la surface de l'eau n'est plus que bulles crépitantes. Des volutes de vapeur s'amassent sous le plafond.

Le père a fait un feu d'enfer, tant parce qu'il est rentré tout mouillé de son travail dans la forêt que pour faire chauffer l'eau du bain d'Anne et de Berit.

C'est le samedi soir.

Maman n'est pas encore rentrée d'avoir trait les vaches. Seules les deux petites filles sont à la maison avec papa.

Papa est assis près du fourneau, et regarde droit devant lui. Il a plu, et il a travaillé toute la journée. Il reste silencieux, et ses yeux ont une expression vague, comme toujours après une dure journée.

Anne, qui est déjà assez grande pour aller à l'école, considère son père d'un air interrogateur. Elle ne comprend pas très bien ce qui se passe, mais elle devine qu'il y a dans l'air quelque chose d'insolite.

— Berit ! dit-elle.

— Que se passe-t-il ?

— Que peut bien avoir papa ?

Berit tourne gentiment la tête. Ses yeux brillent de la joie du samedi soir : le bain et tout le reste... Elle n'est qu'heureuse attente, sans méfiance aucune. Non, Berit n'a aucune part à cette inquiétude, qui est dans l'air.

Anne prend le calendrier, qui pend au mur, et lit l'une après l'autre les lettres inscrites sur le feuillet :

— O-C-T-O-B-R-E.

— Qu'est-ce que tu dis ? dit Berit.

— Je lis le nom du mois. Tu devrais lire les lettres, toi aussi... Il y a aussi 28 — le 28 octobre, et puis : Samedi.

— Pourquoi ?

— C'est comme ça, quand on sait lire. Et si on arrache des feuillets ce sera tout de suite demain. Nous pourrions le faire, puisque c'est déjà le soir !

On entend du côté du fourneau une voix qui dit :

— Laisse le calendrier où il est !

Anne jette un rapide regard à son père : il est rentré si mouillé, ce soir ! Il a bien ôté sa veste, mais l'humidité a pénétré plus profondément. Maintenant, il est assis près du fourneau, et il enfourne bûche sur bûche.

— Arrache le feuillet, fait Anne, tout bas.

Berit n'est pas lente à obéir ; et, sur le calendrier, brille le feuillet rouge du dimanche.

— Il est rouge, papa ! Maintenant, c'est dimanche !

— Vraiment ! dit-il sans même retourner la tête.

— Papa est de mauvaise humeur, ce soir, dit Anne, tout bas, comme tout à l'heure.

On entend un bruit au dehors, et elle dit encore :

— Ecoute donc !

— Quoi ?

— C'est la pluie ! L-A P-L-U-I-E...

— Mais il a plu toute la journée ! On n'a même pas pu sortir ! dit Berit.

Anne veut exploiter son idée, elle ne sait trop pourquoi elle-même :

— Papa, papa est rentré tout mouillé...

Berit se demande où Anne veut en venir ; et Anne continue :

— L-A P-L-U-I-E. Papa est rentré tout mouillé ; il était fatigué.

— Papa a été bien loin, bien loin, dans la forêt...

— Papa... est assis près du poêle... il attend... Papa est près du poêle et nous gronde... Hi !... hi !... hi !...

— Voyons ! Finirez-vous par vous taire ! dit la voix, près du poêle et de l'eau bouillante.

Mais Berit veut en savoir davantage, et elle essaie de remettre Anne en train :

— Encore !... Maman... Maman est dans l'étable... et maman va revenir bientôt avec le lait... Maman fait chauffer l'eau du bain.. Maman va apporter la soupe sur la table... Maman...

Anne a mis en mouvement quelque chose qu'elle ne peut plus arrêter.

Elles échangent un regard rapide : le jeu devient dangereux. Papa tape sur le plancher avec une bûche :

— As-tu entendu, Berit ? Je veux qu'on me laisse tranquille !

— Pourquoi maman ne revient-elle pas ? demande Berit effrayée : c'est Anne qui lui a fait peur. Anne, tout à coup, apparaît sous un aspect inconnu.

— Elle reviendra quand elle en aura fini avec les vaches, et avec tout ce qui lui reste à faire ! dit papa.

Et Anne, tout agitée répète ses paroles :

— Oui. Elle reviendra quand elle aura fini.

Berit dit :

— Maman n'est jamais restée dehors aussi longtemps. Je veux aller la chercher !

— Tu ne sortiras pas par cette pluie !... Papa, est-ce que Berit peut sortir ?

— Non ! Restez-là toutes les deux. Soyez donc heureuses d'être au sec et au chaud toute la journée. Je vous garantis que vous avez de la chance !

Les petites filles vont rejoindre leur père. Elles s'asseyent sur le banc, près du poêle, et écoutent en silence le bouillonnement de l'eau dans la lessiveuse. De temps à autre, une goutte déborde, tombe sur la plaque brûlante du foyer, et aussitôt elle disparaît...

La vapeur qui s'élève de l'eau bouillante forme un nuage

clair. La pièce en est humide. On a posé par terre le grand cuvier de zinc, où Anne et Berit vont barboter tout à l'heure. Il est assez grand pour qu'elles puissent s'y baigner toutes les deux.

Maman a préparé le cuvier comme pour annoncer que, ce soir, les petites se baigneront. A présent, elle va sûrement rentrer.

Anne reprend le jeu :

— Papa enfourne les bûches dans le poêle... (et elle ajoute plus haut, comme si elle annonçait une nouveauté :) Ecoute l'eau qui bout dans la cuve, Berit !

— Oui !

— Elle fait ch... ch... Elle bout horriblement.

— Oui ! elle dit ch... ch...

— Elle est très chaude, l'eau, maintenant ! Celui qui se baignerait là-dedans...

Le père se lève brusquement :

— Allez vous-en tout de suite ! N'avez-vous pas entendu parler d'enfants qui sont tombés dans des marmites bouillantes ? Ne vous en approchez jamais !

Anne considère cette eau dangereuse, et ce que papa dit lui donne le frisson. La petite fille regarde les gouttes menues, qui roulent comme des folles sur la plaque surchauffée, puis disparaissent.

— Chchch... dit Berit.

Et Anne s'écrie :

— Ecoute cette Berit ! On croirait entendre un serpent, en été ! Ecoute donc, papa ! Elle regarde l'eau et fait tout juste le même bruit qu'elle !

Et Berit reprend toute joyeuse :

— Ch, ch, ch...

Papa l'entraîne loin du feu.

— Berit ! Veux-tu cesser ! Je t'ai dit de t'éloigner du feu !

— Pourquoi maman ne rentre-t-elle pas ?

— Tais-toi, Berit ! dit Anne.

Toutes deux jettent un regard vers papa, qui est fatigué,

qui cligne des yeux, et laisse pénétrer ses vêtements mouillés par la bonne chaleur du fourneau. Anne dit tout bas :

— Si tu étais tombée dans la cuve, tu...

Leurs yeux se rencontrèrent. Un éclair de frayeur passe dans ceux de Berit ; mais elle est trop petite, et ne peut se représenter les choses comme Anne. Elle attend seulement, avec impatience, de pouvoir se baigner et barboter dans le cuvier, puis de souper.

Tout cela arrivera quand maman rentrera. Les moindres événements sont liés aux faits et gestes de maman. Il faudrait bien qu'elle rentre, à présent !

— Elle ne vient pas !

— Qu'y a-t-il, papa ?

— C'est Anne qui parle, et, au moment même où Berit veut poser une question, elle s'arrête. Papa aussi paraît s'arrêter, comme si quelqu'un, dans la chambre, lui parlait.

Mais, bien entendu, il n'y a rien, ni personne. Et pourtant, il y a eu un brusque silence.

— Qu'est-ce qui vous arrive ? dit papa.

— Ch... ch... ! dit Berit.

Et Anne se précipite pour l'arrêter :

— Veux-tu, Berit !

— Moi ? Je ne suis plus là !

Le père dit :

— Maman va rentrer quand elle aura fini. Elle sera bientôt là.

Berit court à la porte, et jette un regard au dehors. L'obscurité est presque tombée et il pleut. La cour n'est plus qu'un lac de boue. Au-delà, on distingue quelque chose de noir : le vieux hangar branlant, lavé par les averses. C'est par là qu'est maman ! Dès qu'on ne la voit pas, elle vous manque !

Berit crie, à tout hasard, dans la pluie et la pénombre :

— Maman !

Papa ordonne d'un ton bref :

— Laisse cette porte, et viens t'asseoir !

Berit est tout juste assez grande pour atteindre la poignée Elle obéit très vite, car il lui a semblé que la voix de papa avait un accent prometteur.

— Que faut-il faire ?

— Vous asseoir, et rester tranquilles.

Berit est déçue. Elle tire les cheveux d'Anne, qui se met à hurler.

— Ne pouvez-vous pas rester tranquilles ? crie le père. En voilà assez pour aujourd'hui !

On dirait qu'il se parle à lui-même. Il est assis, les paupières lourdes, car, à présent, son corps s'est réchauffé.

— On devrait avoir le droit d'être tranquille, après tout cela ! dit-il soudain avec une sorte d'accent de défi.

Les enfants n'osent pas lui demander à qui il parle ; elles gardent le silence. On n'entend que l'eau, qui bout dans la cuve. Les enfants ont l'impression que la pièce entière attend l'accomplissement des rites du samedi soir. Et les petits pieds remuants s'immobilisent d'eux-mêmes. « Nous attendons notre bain, les vêtements propres, le souper. Nous attendons les mains, qui font toutes ces choses... »

Au dehors, c'est la dure pluie d'octobre, mais ici, dans la cuisine fraîchement lavée, l'eau du bain bouillonne sur le fourneau.

Les petites lèvent vivement les yeux.

Des pas se font entendre dans l'entrée...

Enfin *elle* est là !

Elles s'écrient, avant même que la porte s'ouvre entièrement :

— Est-ce que nous n'allons pas bientôt... ?

Mais elles n'en disent pas plus, car, dans l'étroit entrebaillement de la porte, un bras apparaît et tire à lui un seau vide, posé sur le plancher. On voit seulement ce bras rapide et adroit, nu jusqu'au coude. Et puis, la porte se ferme à nouveau, et rien n'est arrivé...

— Qu'est-ce que c'est ?

Et papa répond distraitement :

— Un seau ! Restez tranquilles ! ajoute-t-il, tandis qu'il s'abandonne à la douce impression d'un repos bien mérité.

Seul, le bras de maman est entré...

— Elle ne nous a même pas vues ! dit Anne.

Berit crie, pour le seul plaisir de crier :

— Le bras de maman est entré tout seul !

— Vous avez entendu ce que je vous ai dit ? Elle va rentrer ! Dès qu'elle aura fini sa besogne...

Seul, le bras de maman est entré, songe le père ; pendant que l'eau bouillonne dans la cuve ; pendant que la pluie tombe, glacée ; tandis que la cuisine est chaude et bien lavée, parce que nous sommes au samedi soir. Ces pensées se pressent dans son esprit. Ce bras rond et preste est entré dans la pièce. « Tous, nous le connaissons ; il évoque pour chacun de nous un souvenir particulier. »

Après cela, c'est encore le silence...

Puis Anne demande :

— Qu'est-ce que tu écoutes, papa ?

— Rien ! Est-il donc impossible que vous vous taisiez ?

Elles obéissent un long moment, car, sans qu'elles s'en rendent bien compte, la pièce leur parle. La table, les bancs sont bien récurés. Cette propreté, cet ordre vont comme de soi pour les petites filles, et pourtant elles n'en savent rien. Les vêtements propres qu'elles mettront après le bain pendent au dossier d'une chaise. Il en a toujours été ainsi. Mais c'est tout cela qui fait du samedi soir un moment si plaisant, si agréable à vivre. Jamais encore les enfants n'y ont réfléchi.

Mais, à présent, il faudrait bien que maman revienne !

« Il se passe quelque chose d'inquiétant, songe l'homme. Nous ne cessons de travailler, et tout passe devant nous sans que nous nous en apercevions. Pourtant, nous y sommes mêlés ; nous y avons part ! »

Or il semble qu'une réponse à cette question secrète lui soit donnée : Voici le repas, voici une chemise propre, ce soir ! Voici le sommeil entre deux bras ! Des bras, qui trouvent aussi le temps de l'entourer !

— Nous sommes, tout bonnement, fatigués ! dit-il.

Et il se lève.

— Je vais aller voir !

« Ch, ch ! » fait la cuve, comme un serpent.

Il s'arrête ; se rassied.

— Tu n'y vas pas ?

— Non ! Si je sors, vous irez aussitôt jouer avec l'eau bouillante, et vous pourriez tomber dedans. Je préfère rester ici.

— Mais nous pouvons sortir !

— Sortir ! répète Berit.

— Non ! Ne bougez pas. N'allez pas dans la cour, par ce temps, si vous n'y êtes pas obligées !

Il bâille, à moitié endormi.

— J'ai vraiment faim, Berit !

A cet instant, la porte grince. Berit et Anne se précipitent presque au dehors...

— Mais qu'y a-t-il donc encore ? Voulez-vous bien rentrer !

La porte se referme.

— Ah ! dit le père, les voilà parties ! Elles courent si vite qu'elles vont s'éclabousser des pieds à la tête !

Puis il se tait. Sa maison lui parle : « Nous sommes les murs de ta maison, qui te parlons. Nous sommes la chaleur du foyer, et la vapeur qui monte de la cuve. Nous sommes la joie de deux enfants, que la vie étonne. Nous sommes tout ce qui t'entoure... »

Les deux petites traversent la cour en toute hâte, sous la pluie diluvienne.

— Dépêche-toi, Berit, sinon il nous fera rentrer !

— Ne me tire pas si fort !

Anne aperçoit une lumière :

— La grange est éclairée. Allons-y ! Maman nous y rejoindra quand elle ira chercher le foin.

— Oui ! Mais ne me tire pas !

— Il faut courir, par un temps pareil ! Allons, entre ! Ici ! Ici ! Nous nous cacherons dans un coin !

Elles sont dans la grange sèche. La pluie tombe sur le toit. Dans la grange règne une bonne odeur de foin, et il y y a des coins sombres. Berit se rappelle un jeu d'autrefois :

— Nous ferons si peur à maman qu'elle en tremblera !

— Ce n'est pas sûr ! Peut-être n'aura-t-elle pas le temps de trembler ce soir, répond Anne. Mais nous pouvons quand même lui faire peur !

— Oui ! *Bou ! ou !*

— Tais-toi donc !

Elles continuent à chuchoter :

— Ne reste pas dans la lumière ! Cache-toi dans ce coin. Elle va venir bientôt. Il fait si sombre que personne ne peut nous voir.

— Oui, mais c'est moi qui lui ferai peur ! dit Berit.

— Non, moi ! Je crierai la première. Je sais pousser des cris affreux quand je veux. Je sais faire *hou ! hou !* horriblement. Mais tu pourras crier après moi.

— Oui.

— Chut ! Voilà maman ! Ecoute !

La mère entre dans la grange. Elle ne voit pas les petites qui sont tout près d'elle. Leurs yeux brillent ! Leurs cœurs s'élancent vers maman ! Le moment est venu de crier *Hou ! hou !* et de lui faire peur, pour s'amuser, comme elles font parfois.

Anne emplit ses poumons d'air et fait entendre le cri sauvage qu'elle a annoncé. Elle s'appuie contre Berit, pour avoir plus de force :

— *Hou-ou-ou-ou !*

Et Berit continue :

— *Hou-ou-ou-ou !*

Jamais elles n'ont poussé cris plus affreux !

Maman sursaute, et se met à crier à son tour :

— Ho ! Ho ! Ho !

— Que son cri est étrange, Anne ! dit Berit...

Anne, tout effarée, dit :

— Qu'y a-t-il, maman ?

Les deux petites, prêtes à se réjouir de leur jeu, ont peur

soudain de ce qu'elles voient. Toute leur joie disparaît lorsqu'elles regardent le visage de leur mère. Ce visage a une expression qu'elles ne comprennent pas, une expression inquiétante qui les affole. Le visage de maman est crispé ; les yeux épouvantés roulent dans leurs orbites.

La chose ne dure qu'un instant, puis maman redevient elle-même. Elle reprend son vrai visage. Mais Anne et Berit ne s'en aperçoivent pas. Elles ont pris leurs jambes à leur cou, et s'enfuient.

Maman les rappelle :

— Anne ! Berit !

Anne ne répond pas. Elle a pris le bras de Berit pour l'entraîner plus vite.

— Ne me tire donc pas autant !

— Il faut nous sauver vite, vite, dit Anne, en tirant toujours sa sœur.

Elles courent sous la pluie oblique, traversent la cour noire de boue.

Berit dit, hors d'haleine :

— Mais qu'avait donc maman ? Elle ne riait plus, et son visage était si laid.

Maman les appelle encore :

— Anne ! Berit, Revenez immédiatement !

Mais elles, sans écouter, vont retrouver papa dans la cuisine chaude. Il est assis près du fourneau. L'effroi des petites l'atteint comme un éclair, au moment même où il les voit entrer.

— Qu'y a-t-il ?

Anne ose à peine le dire :

— C'est maman !

— Où est maman ?

— Dans la grange. Nous y étions, nous avons tant crié...

Il n'attend pas de savoir ce qu'elles ont à lui raconter, et, sans plus penser à sa fatigue, il se lève.

— Soyez sages, et ne vous approchez pas de l'eau bouillante !

Déjà, il a quitté la pièce. Il court, à longues enjambées,

sous l'averse. « Aurais-je perdu Sigrid ? » songe-t-il, éperdu. Et il répète sans arrêt : « Aurais-je perdu Sigrid ? Aurais-je... »

Mais le voici près de la grange, et il la voit debout au milieu du foin. Quel soulagement !

Mais il s'aperçoit qu'elle ne s'occupe pas de son travail. Elle s'appuie contre le mur de la grange.

— Sigrid !

Il la prend par les épaules, la tourne vers lui.

— Oui ! répond-elle.

— Mon Dieu ! Que c'est bon de t'entendre ! T'es-tu fait mal ?

— Non.

— J'ai eu si peur que mes jambes ne me portaient plus. Les petites se sont précipitées, tout effarées, dans la maison, en disant qu'il t'était arrivé quelque chose.

Sigrid, qui appuyait tout à l'heure le front contre le mur, cache son visage contre la chemise à carreaux de son mari.

— Oui ! les pauvres petites ! dit-elle tout bas. J'ai pris la chose sottement. Je les ai effrayées.

— Je ne comprends pas. Que s'est-il passé ?

— Oh ! rien, en somme.

Le visage de l'homme s'assombrit, mais il retient la parole dure qui allait lui échapper.

— Il faut bien qu'il se soit passé quelque chose, répon-l-il. Tu aurais dû voir dans quel état elles sont rentrées.

Elle se tait.

— Sigrid !

— Aïe ! Ne me serre pas si fort ! Tu sens la forêt, Knut ! Tu sens une bonne odeur de forêt. Je les ai effrayées, Knut ! leur maman les a effrayées...

— Ne dis pas de bêtises, voyons ! Tu ne peux pas les avoir effrayées.

— J'étais en plein travail, vois-tu. Et les voilà qui se sont précipitées sur moi, pour jouer à me faire peur, en poussant des cris affreux. Et moi, j'ai été ridiculement bouleversée.

L'homme se tait. Elle lève son regard vers lui, comme pour le défier.

— J'étais en plein travail, tu comprends ?

— Oui ! C'est précisément cela. Tu est surmenée, dit-il à voix basse, d'un ton amer.

Il paraît contempler quelque chose d'incompréhensible, qui se dresse devant lui, et lui cache le reste du monde.

Elle reprend, pour s'excuser, dirait-on :

— Sinon, je n'aurais pas fait cette figure, tu le sais bien.

— C'est évident.

— Dire que j'ai pu les effrayer de la sorte ! Elles ne l'oublieront pas.

Il garde le silence une fois de plus.

— A quoi penses-tu ? fait-elle.

— La besogne s'amoncelle et s'amoncelle, elle nous empêche de rien voir d'autre. C'est tout ce que je sais. Je ne distingue plus d'issue. Nous ne faisons rien d'autre que travailler, et nous presser pour travailler encore. Il y a chez nous quelque chose qui ne va pas.

— Cela finira bien par changer, dit-elle.

Mais le ton enjoué de sa voix ne le convainc pas, lui. Il sent le poids de sa propre journée de travail.

Il s'est passé ici quelque chose qui lui a échappé. Pourtant, il aurait bien dû prévoir et comprendre. Parfois les milliers d'impressions qu'il ressent se chevauchent les unes les autres. De leur ensemble naissent des instants de faiblesse, comme celui qu'il connaît à présent : la femme qui est devant lui est surmenée. Elle n'a pas, dans la vie, la part à laquelle elle aurait droit. La délicate atmosphère du samedi soir plane sur la maison, mais elle, qui l'a créée, reste à l'écart, ayant trop travaillé, et trop seule.

— Les choses ne devraient pas être ce qu'elles sont, dit-il. Il ne faudrait pas que tu te surmènes au point de ne plus supporter un cri. Il a chez nous quelque chose qui ne va pas, qui est inquiétant.

— Tu es fatigué toi-même, répond Sigrid. Nous n'allons pas chercher à savoir qui de nous deux l'est davantage ?

Mais lui reprend :

— Qu'allons-nous faire de toi, Sigrid ?

— Ne parle pas ainsi. Cela ne facilite pas les choses. Tranquillise-toi.

Elle répète doucement :

— Tranquillise-toi.

Il dit, lui aussi, tout aussi doucement :

— Sigrid !

Ils sont ensemble dans la grange pleine de foin parfumé. Tant de liens les unissent l'un à l'autre ! L'été est resté prisonnier en ce lieu. Ils en reconnaissent l'odeur. Elle leur rappelle les rencontres d'autrefois, au cours des nuits d'été.

— As tu vu comme papa s'est mis à courir ? dit Anne, dans la cuisine, tout en essayant du mieux qu'elle peut, de prendre l'air important.

— Qu'est-ce que maman pouvait bien avoir ?

— Je ne sais pas.

— Est-ce que papa va la ramener ?

— Oui, bien sûr !

Berit jette à Anne un regard scrutateur.

— Qu'as-tu, Anne ?

— C'est à cause de maman, dit Anne.

Elle ne songe plus à faire l'importante. Dans le silence qui s'établit, on perçoit un faible murmure séduisant et dangereux : « *ch... ch...* »

— Tu entends la marmite : « *ch... ch...* ? »

— Il ne faut pas ! dit Anne. Il ne faut pas...

— Ce n'est pas moi, répond Berit, d'un ton mystérieux ; c'est la marmite. Ecoute : *ch... ch...*

L'eau bouillonne. Est-ce le bruit de la mort ?...

Anne crie tout à coup, l'air épouvanté :

— Sauve-toi, Berit ! Tu vas tomber dans la lessiveuse !

— Lâche-moi donc !

Mais Anne est tout agitée :

— Tu es folle ! Tu as failli tomber dedans !

— Mais tu n'as pas besoin de me tirer comme cela ! reprend Berit, que sa sœur entraîne avec violence, loin.

L'homme oublie l'heure, dans la grange odorante. Tout à coup, il sursaute. Le père reprend ses droits. La cuve... Il n'y pensait plus !

— La cuve ! Les petites ! Dieu sait quelle idée leur passera par la tête ! Il faut que j'y coure. Rejoins-nous bien vite, Sigrid !

— Je ne sais pas si j'oserai entrer dans leur chambre. Mais dépêche-toi.

— Je cours à la maison...

Il est déjà dehors sous l'averse. Ses pas claquent sur le sol trempé. On les entend au milieu des rafales de pluie.

On dirait que quelque chose bouge dans les ténèbres ; quelque chose ou quelqu'un.

— Qui va là ? interroge le père.

Et il croit entendre :

— Est-ce à moi que tu parles ?

Que se passe-t-il ? L'obscurité l'empêche de voir. Ne dirait-on pas qu'on lui répond :

— Tu le sauras bien assez tôt !

Il ouvre la porte avec violence :

— Mes enfants !

Elles répondent en chœur :

— Nous sommes là, papa !

Elles sont loin du fourneau ; aussi loin que le permettent les dimensions de la pièce.

— Dire que vous auriez pu... Mais non ! Vous n'avez rien fait. Vous êtes gentilles d'être restées loin de la cuve.

— Oui papa ! dit Anne.

— Ne me donne donc pas de coups de pied ! dit Berit.

— N'as-tu pas trouvé maman ?

Bien sûr que je l'ai trouvée. Elle sera là dans un instant. Elle a terminé son travail.

Anne est inquiète. Elle demande :

— Mais comment va-t-elle maintenant ?

— Elle n'a rien du tout. Elle a tout simplement été effrayée. Tu vas la voir revenir tout de suite.

— Mais sa figure était terrible à voir !

— Et la cuve, papa, elle était terrible aussi, dit Berit, qui veut se mêler à la conversation.

— Berit !

— Oui ! Je sais que tu ne veux pas que je le dise...

Le père se contente de dire :

— Il faut rester loin de l'eau qui bout, Berit. Anne a bien fait de te surveiller. La cuve te prendrait sans dire gare, sois-en sûre !

— Oh ! Elle ne m'a pas si bien surveillée que cela !

Berit voudrait raconter ce qui s'est passé, mais, au même moment, la porte s'ouvre, et maman arrive enfin. Tout le monde dit :

— Voilà maman !

Et, tout à coup, c'est le silence complet. Tout le monde hésite sur ce qu'il faut dire et faire.

— Qu'y a-t-il ? dit Berit à Anne dans un chuchotement.

Mais maman se ressaisit. Elle s'écrie d'un ton joyeux, qui brise la tension générale :

— Bonsoir, les petites ! Avez-vous fini de vous déshabiller ? Il fait bon ici, l'eau vous attend !

Berit demande bêtement :

— Que faut-il faire ?

— Prendre ton bain, tu le sais bien. Allons, allons ! Anne, tu vois que tout est prêt. Dépêche-toi de te déshabiller. Laquelle de vous deux sera la première toute nue ?

— Moi ! maman !

— Moi ! maman !

— Et papa versera l'eau du bain ! Dépêche-toi !

— Je me dépêche !

Il va prendre un seau vide dans le couloir.

— Est-ce vrai, maman ? dit brusquement Anne.

— Qu'est-ce qui est vrai ?

— Rien ! Je ne sais pas.

Berit interrompt sa sœur :

— Maman, aide-moi à défaire mes boutons !

— Moi, je les prends tout bonnement, et je tire, comme cela... dit Anne.

— Non, Anne ! Tu fais sauter tes boutons.

— Mais oui, voilà les boutons qui sautent ! crie Anne d'un ton insouciant.

— Chut ! Chut ! Quelle vacarme tu fais !

Maman est de nouveau toute contente. Berit le voit bien, mais veut l'entendre dire par elle-même :

— Tu es de nouveau contente, n'est-ce pas, maman ?

— Mais oui ! Je suis contente.

— Pourtant...

— Tais-toi ! fait Anne, très bas, à sa sœur, et elle dit, tout haut :

— Aujourd'hui, c'est samedi soir, et demain, c'est dimanche ! Nous avons déjà arraché la page du calendrier !

Maman regarde : en effet, la page est rouge.

— Me voilà toute nue !

Le père est là, qui écoute et qui observe. Comme elles acceptent facilement ce qui s'est passé ! Il le constate avec surprise. Les voilà débarrassées de leurs vêtements, toutes nues, et si jolies dans le nuage léger de vapeur d'eau.

— Vous avez bien vite fait ! dit gaîment la mère.

— Et voilà mes petits corps tout nus ! dit le père du même ton.

— N'es-tu plus fatigué, papa ?

— Fatigué ? Non ! La fatigue passe lorsqu'on peut rester assis un moment.

Anne crie comme une petite fille :

— Ho ! ho !

Et papa arrive, portant ses seaux fumants.

— Attention à présent !

L'eau froide est depuis longtemps dans le baquet. Les petites mesurent la température avec leurs orteils. Berit raconte inconsidérément :

— C'est moi qui étais le plus près de la cuve...

— Elle dit des sottises ! Je ne le lui ai pas permis ! C'est bien assez chaud, papa !

— En ce cas, vite, dans l'eau !

Elles ne remarquent pas l'accent forcé de la voix et ne se font pas dire deux fois d'entrer dans le bain.

— Oui ! Oui ! Maman les excite encore davantage. Allons ! Barbotez un peu, pour voir !

Et elles le font à cœur joie, comme il convient. « Barbotez ! » a dit maman. Elle n'a pas dit, comme d'habitude : « Voyons, Berit, n'inonde pas tout le plancher ! » Elle a dit : « Barbotez ! » Elle sont assises en face l'une de l'autre dans le baquet, et font gicler l'eau dans toutes les directions avec leurs petits pieds.

— Elles n'ont plus guère la place de se baigner ensemble ! Qu'en dis-tu, maman ? Nous avons de grandes filles.

— Barbotez ! répète maman.

Elles barbotent sauvagement. Berit pousse des cris de joie, tant cette permission nouvelle la ravit. Anne crie :

— Maman ! Viens nous regarder !

— Oui. Je viens. Savonnez-vous bien, et rincez-vous. Il faut que je vous prépare à manger. Oui ! D'abord le bain, puis le souper, et puis, nous aurons un bon petit moment.

Berit fait écho :

— Un bon petit moment !

— Et puis, dodo ! ajoute papa.

Il suit les siens du regard. Il la voit, elle, aller et venir entre le fourneau et la table, dans *sa* maison. Les enfants barbotent. La pièce est fraîchement lavée. Il regarde sa femme à la dérobée, et s'étonne de la voir telle qu'elle est. Il y a en elle des forces, des capacités, qu'il ne connaît pas. Mais que fera-t-il quand ces forces seront épuisées ?

— Papa ! Regarde-nous !

— Oui ! Oui ! Allez-y ! A présent, lave le dos de Berit, Anne !

— Oh ! oui ! Que s'est amusant !

Maman dit tout à coup :

— Qu'est ce qui te prend de crier si fort, Anne ?

Anne est tournée vers le mur ; son corps est mince et nu. Il ne faut pas que les autres voient son visage.

— Ho ! Ho ! crie-t-elle.

Et les petites recommencent à barboter de tout leur cœur.

La soirée s'avance. Ils ont soupé, et les petites se sont amusées. Maman garde sa voix joyeuse :

— Maintenant, vite, au lit !

— Non, non ! Je veux encore jouer !

— Nous voulons nous amuser longtemps, ce soir !

— Mais nous nous sommes beaucoup amusées ! A présent, il est temps de cesser. Berit, va dire bonsoir à papa.

— Bonsoir ! Bonsoir ! dit papa.

« Que dois-je faire ? » songe-t-il. Il perçoit un accent différent sous l'accent de la joie. Il sait qu'il y a quelque chose d'insolite. Il embrasse les deux petites dans leurs chemises de nuit propres. Il sent le doux parfum de leurs petits corps.

— Bonsoir ! dit papa.

— Bonsoir ! Bonsoir !

Elles disparaissent, suivies par leur mère, et il reste seul.

« La voilà qui monte avec les deux petites, songe-t-il, elles rient ensemble comme si tout était comme cela doit être...

Dans la pièce, cependant, des voix se lèvent, qui cherchant à lui parler à leur manière, à lui seul. « Je suis le parfum de leur corps fraîchement lavé. Ce parfum est pour toi. Voudrais-tu te passer de moi ? »

— Non, je n'ai pas dit cela.

« J'ai été l'éclair de leurs yeux, quand elles t'ont dit bonsoir, à toi, qui es leur père. »

— Oui, je suis leur père. Mais que faire ? Pourquoi ne sommes-nous que des machines à travailler, ne voyons-nous plus rien que le travail et la peine ? Peut-être n'a-t-elle pas joué la comédie quand, ce soir, elle s'est montrée heureuse et gaie. Je l'ai vue, moi, dans la grange obscure. Elle pleurait parce qu'elle avait fait peur à ses petites filles, simplement parce qu'elle était épuisée de fatigue...

« Mais je suis, quand même, l'éclair de leurs yeux, quand, en ce moment, elles disent bonsoir à leur mère, là-haut, dans la mansarde... »

Il songe... L'homme ne veut pas entendre les voix qui lui parlent.

— Il n'y a aucune issue à tout cela. Nous ne saurons jamais rien faire d'autre que travailler, travailler. Tout ce que je sais, c'est qu'il y a, à l'origine de notre vie, une grande erreur.

« Je suis la table, qui vient te parler, en t'offrant le pain précieux. »

— Oui, je vois le pain, et je sais aussi ce qu'il coûte.

« Mais tu ne sais pas tout... même si tu sais le prix du pain. »

— Je voudrais bien qu'on réponde aux questions que je pose moi-même, dans ce fauteuil, où je m'endors d'épuisement : que dois-je faire ? Où est l'issue que je cherche ? Il ne faudrait pas que nous vivions uniquement pour travailler...

— Sigrid ! crie le mari vers le plafond. Ne viens-tu pas me retrouver ?

« ...Je suis tous les souvenirs que tu as de tes petites filles. Je suis le samedi soir, qu'elle a préparé avec tant de peine. »

Elle ne répond pas de là-haut, et il se dit, avec amertume :

— Elle s'est endormie sur un des lits des enfants.

Son appel a bien été entendu, là-haut. Anne dit tout bas à sa mère :

— Papa t'appelle.

Les deux petites sont couchées, et la mère est assise entre leurs lits. Aucun bruit ne vient du lit de Berit.

— Berit dort déjà, Anne !

— Papa t'appelle...

La mère répond tout bas :

— Je l'ai entendu.

— Alors, pourquoi n'as-tu pas répondu ?

— Je pensais que je réveillerais peut-être Berit, en criant. Il vaut mieux que je descende. Dors, toi aussi !

Anne n'est pas près de dormir. Quelque chose la tourmente. Elle ne cesse de regarder sa mère à la faible lumière de la veilleuse.

— Es-tu bien sûre que Berit est endormie, maman ?

— Mais oui. Elle dort profondément. Elle s'endort toujours très vite, tu sais bien.

— Alors, je voudrais te demander... fait Anne doucement.

La mère tressaille :

— Quoi ?

Anne, de son lit, l'observe.

— Comment es-tu faite, maman ?

La mère lui jette un regard craintif :

— Que veux-tu dire ?

— Il y a quelque chose qui va et qui vient au-dedans de toi.

— Mais, au nom du ciel, où as-tu pris cette idée ?

Anne regarde sa mère, toute déconcertée de devoir expliquer ce qu'elle a dit :

— Oh ! Je ne sais pas. Cela m'est venu quand j'ai vu ta figure ! Je ne peux pas dire les choses autrement.

— Allons ! Tu ferais mieux de dormir !

Anne ouvre ses yeux tout grands et dit :

— Si tu t'en vas, je pousserai des cris horribles. Jamais tu n'en auras entendu de pareils.

La mère dit, tout émue :

— Tu me menaces, ma petite Anne ?

— Oui, oui ! Je te menace.

— Mais, ma chérie, il faut que je descende. J'ai beaucoup de choses à faire encore, avant de me mettre au lit.

Anne se tortille dans son lit, et reprend :

— J'ai joué la comédie et fait du tapage pendant notre

bain de ce soir, maman, pour que tu croies que j'étais aussi gaie que Berit.

— Ne dis pas cela !

— Mais puisque c'est vrai !

La mère se tait. Elle se contente de regarder Anne dans son désarroi. Elle a peur de ces yeux, dont le regard croise le sien.

— Ma petite Anne, je suis désolée de t'avoir fait peur dans la grange. Tu le sais bien.

Anne ne répond pas à ces paroles, mais dit :

— Regarde-moi, maman !

— Mais je te regarde.

— Touche-moi !

Pourquoi la petite est-elle toute tremblante ?

— Pourquoi trembles-tu, Anne ?

— Je ne sais pas. Cela m'arrive parfois.

— Ne dis pas cela ! répète encore la mère.

Mais Anne s'obstine à parler :

— Quelque chose est monté dans la cuve pour prendre Berit !

La mère ne sait que répondre.

C'est un vrai soulagement pour elle d'entendre la voix de son mari, qui l'appelle au rez-de-chaussée :

— Mais que fais-tu donc, Sigrid ?

— Tu entends ? Papa m'appelle encore. Il faut que je descende. Enfonce-toi vite sous tes couvertures, et tu t'endormiras en un clin d'œil.

Anne, du fond de son lit, fait doucement :

— Je ne veux pas être comme toi, quand je serai grande.

La mère accepte le coup. Elle est hors d'état de se défendre, et, ne sachant quelles paroles opposer à celles de la petite, qui lui paraissent si dures, elle baisse la tête et murmure simplement : « Non ! », d'une voix à peine perceptible.

— C'est vilain, ce que j'ai dit ? fait Anne, effrayée de l'effet produit.

— Non ! Tu as certainement raison.

— C'est que moi, je veux être heureuse ! dit Anne. Tout à fait heureuse ! Toi, tu n'es pas heureuse !

— *Sais-tu* si je ne suis pas heureuse, Anne ?

— Tu ne l'étais pas, quand nous nous sommes baignées.

— Si ! J'étais heureuse ! dit la mère, avec fermeté. A présent, tu vas me faire le plaisir de dormir. Je tiendrai ta main, et tu t'endormiras tout de suite

Maman prend la main de Anne, et, au même instant, la petite éprouve une impression bizarre. Elle dit tout haut :

— Qu'est-ce que c'est que cela ?

— C'est ma main ! répond maman.

Le silence.

Puis, d'en bas, le père demande si tout le monde dort dans la mansarde.

— Anne ! fait maman avec précaution...

Anne dort. Rien ne passe plus de la grande main dans la petite. Maman peut dégager la sienne et s'en aller.

— Me voici ! C'est Anne qui m'a retenue ! J'ai dû attendre qu'elle soit endormie.

L'homme est resté dans la cuisine, ne cessant de penser à tout ce qui est inquiétant, tout ce qui va de travers à la maison, et à la possibilité d'un changement, quel qu'il soit. Il écoute à peine les explications de sa femme, et dit seulement :

— Quel drôle d'air tu as !

— C'est à cause d'une chose qu'elle a dite... Anne a dit qu'elle ne voulait pas me ressembler.

Le mari ne répond rien.

— Elle tremblait encore, tant je lui ai fait peur.

Alors il dit :

— Mais tu n'étais pas toi-même ! C'est le surmenage. Tu ne devrais pas avoir tant de travail. Jamais tu n'aurais dû venir ici.

— Mais je ne regrette rien, Knut ! répond la femme.

Nulle parole ne pourrait lui faire plus de bien, en cette heure d'amertume. Elle ne regrette rien. Elle ne voudrait pas que les choses fussent différentes de ce qu'elles sont, et il est convaincu qu'elle dit la vérité.

— Mais il te faut être partout à la fois, Sigrid ! Tu n'as jamais le temps de t'asseoir, jamais le temps de penser. Que faire pour changer tout cela ?

— Ne prends pas les choses au tragique ! Voilà donc ce que tu n'as cessé de ruminer pendant toute la soirée ? Mais moi, je suis heureuse d'avoir beaucoup de travail, puisque je suis jeune et forte. Et tu es exactement comme moi.

Il croit qu'elle parle ainsi parce qu'elle voit son désarroi. Quand elle a dit qu'elle ne regrettait rien, il n'a pas douté de sa sincérité, mais à présent, elle ne parle plus que pour le rassurer. Elle répète :

— Moi, je *veux* utiliser mes forces, et ce qui me paraît pénible maintenant finira par devenir une habitude facile.

— Le cri que tu as poussé dans la grange prouve que les choses sont allées trop loin. Il ne faut pas que les enfants pensent qu'elles n'ont pas envie de te ressembler, quand elles seront grandes ! s'écrie Knut avec violence.

— Ne t'agite pas ainsi, Knut ! Anne a fini par s'endormir, toute confiante, sa main dans la mienne.

Mais il y a encore autre chose ; quelque chose, dont elle use pour l'induire en erreur, parce qu'elle veut, à tout prix, se durcir elle-même, et lui rendre son énergie, à lui. Mais toute la force de la plainte n'en subsiste pas moins, et il ne peut la supprimer, il lui faut crier ce qu'il éprouve.

— Tout ce que je sais, dit-il, c'est que les choses ne devraient pas être telles qu'elles sont, pour nous. Notre seule part, c'est un travail épuisant. Il ne devrait pas en être ainsi.

Elle répond humblement qu'ils ont aussi les enfants. Mais la réponse n'a aucun effet.

— Peut-être faudrait-il nous en aller d'ici ?

— Oh non ! Nous resterons chez nous ! Nous ne partirons pas.

Elle est pareille à un mur ; et lui, qui ne comprend pas !

— Il est vrai que, même loin d'ici, le travail serait le

même, nous ne penserions encore qu'au travail. Il faudrait que tu puisses te reposer de temps à autre, prendre quelques instants de liberté.

— Je le ferai quand nos enfants seront plus grandes.

— Ta réponse n'a pas de sens. Une fois grandes, ce sont elles qui s'en iront. Pendant que je t'attendais...

— Eh bien ?

— Je ne sais plus ce que je voulais dire. J'ai pensé à tant de choses, qui m'ont inquiété.

Il lève la tête, paraissant tendre l'oreille et chercher à percevoir quelque résonance de l'insaisissable, de ce qui l'effleure sans qu'il puisse prendre sa part, de cette étrange musique. L'homme et la femme sont comme immergés tous deux dans cette tension, ce bouleversement. Elle aussi, écoute. Mais ils n'entendent rien.

— Que se passe-t-il donc, Knut ?

Elle dit ces mots d'une voix sans timbre.

— Je ne sais pas. On aurait dit...

— Tu paraissais entendre un bruit.

Il s'emporte à nouveau :

— Non, non ! Je n'entends rien ! Et, sans doute, uniquement par ma faute.

Il voudrait ajouter d'autres paroles amères, mais se tait et regarde Sigrid, qui paraît, elle, entendre une mélodie pleine de charme ; jaillie du tréfonds d'elle-même, et qui lui appartiendrait en propre. Elle écoute pendant un instant, puis tout s'évanouit.

— Qu'as-tu donc ? interroge Knut.

— Je pensais que...

— Quoi donc ?

— Oh ! Je ne sais pas...

L'instant est passé. Ce qui s'est approché d'eux, il le sent, n'était pas à portée de la main, et il est repris par ses regrets. Au fond, la seule chose qui leur soit accordée, c'est le travail.

Elle l'interrompt brusquement :

— Viens, Knut !

Elle s'est levée et le regarde avec tendresse.

— Que veux-tu ?

— Viens ! dit-elle. Il faut monter.

Il ne comprend pas tout de suite, sachant tout ce que Sigrid doit faire encore avant de se coucher. Mais elle reste souriante sur le seuil.

— Tu n'as pas fini !

Elle hoche la tête :

— Non ! mais je plante tout là, pour ce soir, et je monte avec toi.

Enfin, il entend ce qu'elle veut dire. Elle ajoute :

— Les choses resteront telles qu'elles sont jusqu'à demain matin. Maintenant, il n'y a plus que toi !

Il y eut un temps où ces paroles lui auraient fait battre le cœur. A présent, il ne peut s'empêcher de dire :

— Je suis trop fatigué, Sigrid !

Mais elle reste debout devant lui, tout sourire et séduction :

— Viens ! A présent, il n'y a plus que toi !

LE BLE QUI VIENT

On entend dans la nuit le bruissement de la rivière, puis ce sont les chocs lourds d'une roue à eau qui travaille. Le vieux moulin se dresse, solitaire, en cette sombre aurore de décembre. Le froid diminue. Il dégèle.

La roue a tourné toute la nuit dans le ruisseau du moulin. Il y a fort à faire encore avant Noël ; le moulin fournit son maximum d'effort. Tous ceux qui ont semé un peu de grain, l'ont battu, et l'ont porté à moudre au moulin, en insistant pour qu'on le leur rende aussi vite que possible. Mais le moulin est un très vieux moulin, et il est incapable de moudre autant de grain, en vingt-quatre heures, que les machines modernes.

Les sacs de grains s'entassent dans le magasin. De l'orge, et encore de l'orge ! On ne cultive que de l'orge par ici. Le climat est rude et ne permet pas la culture du blé.

En cette sombre matinée d'hiver, un petit apprenti meunier, malingre et épuisé, a la charge de surveiller les meules, qui font un bruit de tonnerre. Et, dans le séchoir adjacent à la salle des meules, le meunier lui-même transpire en balayant l'orge étalée sur les bancs. Les gens désirent qu'on leur livre le grain bien sec. C'est un vieil usage.

Les bancs à sécher sont dressés le long des murs, sur trois rangs de hauteur, dans la pièce obscure que n'éclaire aucune fenêtre. Au milieu se dresse un grand poêle en pierre. Il fait une chaleur terrible. On laisse le grain sur les bancs, jusqu'à ce qu'il soit dur et friable. Puis on le transporte au moulin, où il est déversé, par des tuyaux hélicoïdaux, vers les meules.

Le meunier a allumé le grand poêle dès hier soir, et la lourde masse de pierre projette dans la pièce des vagues d'air aussi brûlant qu'au début. Le meunier n'ose pas charger le gamin, si frêle encore, de rester dans cette fournaise. Il s'y condamne lui-même. Se faire rôtir de la sorte n'est guère agréable, et encore moins s'exposer brusquement au courant d'air de la salle des meules lorsque les vêtements sont trempés de sueur.

Au moulin, le jaillissement de l'eau produit un courant d'air perpétuel, qui passe entre les lattes disjointes du plancher. La farine, dont les murs sont saupoudrés, en devient toute humide.

Le meunier travaille avec fureur, pour sortir aussi vite que possible de cette fournaise. Il s'agit de vider les bancs, et d'y répandre du grain nouveau. Les propriétaires des sacs attendent impatiemment leur bien.

Tout est différent, aujourd'hui. C'est la guerre ! Les demandes de grains sont plus pressantes, car la mer est bloquée.

Ces derniers temps, le meunier a beaucoup pensé à la montagne de grains qui se trouve de l'autre côté de la mer. Il finit par croire qu'il a un moulin dans la tête, et il ne peut se délivrer de son obsession. Il entend un grondement, comme d'un feu qui couve, et dont la flamme va jaillir. Il y a, dans le monde, des montagnes de grains, mais non pas ici.

La montagne jaune ! Un désir fou tend vers elle toute son énergie, tandis qu'il soulève les petits sacs de grain récoltés par ses clients. Il n'en dit pas un mot au garçon meunier, non plus qu'à ceux qui viennent chercher la farine.

Les murs et le plafond de la pièce sont d'un noir de suie.

La vapeur brûlante et la fumée ont pénétré le bois. Le meunier a apporté une lanterne dont la flamme vacille dangereusement à l'extrême chaleur. L'ombre de l'homme se découpe, grotesque, informe, sur le bois. Une poussière chaude monte du grain qu'il ramasse.

Le meunier respire cette poussière d'orge. Il a l'impression d'avaler du feu. La sueur coule de son visage. Le grain sec glisse entre ses doigts. La moelle en est devenue de pierre à la chaleur. Il en émane une odeur chaude, savoureuse, odeur de vie, douce et forte. Le grain a poussé dans les champs empierrés de la montagne. A présent les moissons sont toutes ici, et le grain coule entre les doigts du meunier ; mais c'est un maigre ruisselet qui en tombe. La meule tourne et gronde dans la tête du meunier.

Il faut que la montagne de grains traverse la mer...

L'homme chasse cette pensée. Il ratisse le grain qui tombe des bancs avec un bruit de cascade. Les bancs de bois sont brûlants, et un air embrasé emplit les poumons. Le meunier n'en peut plus.

Il saisit la lanterne et va chercher refuge sur le seuil de la salle des meules. Un air nouveau pénètre en lui, empêchant ses poumons de se consumer. Il l'aspire à grands traits. Ses yeux clignotent, parce qu'il fait plus clair par ici.

Les meules broient le grain en tournant sur leur axe. La roue tourne lourdement au dehors. On dirait que de grandes mains frappent l'eau.

La silhouette, d'un gris blanchâtre, du garçon meunier apparaît toute proche. Le meunier ne le voit pas. Il voit autre chose : *l'événement s'est produit*. Il l'a senti venir depuis des jours et des nuits.

Un homme hâve, dans un coin, est en train de racler avec ses doigts la farine des murs. Il racle la farine humide et la mange. Il racle un pauvre petit don de Dieu sur les murs.

Le meunier se tient humblement à l'écart. Son petit apprenti malingre ne s'aperçoit de rien. Le spectacle de ce qui se passe lui est épargné. Le meunier sait bien que cet homme est là depuis fort longtemps, pareil à une angoisse, dont il est impossible de se délivrer. Il est arrivé par des chemins secrets.

Le meunier reste comme pétrifié sur place. S'adressant avec violence au gamin, il crie :

— Il fait une chaleur insoutenable dans le séchoir. Pour un peu je serais carbonisé !

Mais ce qu'il fait est absurde. Le gamin est-il responsable de la température ? Le meunier a, tout simplement, besoin de faire quelque chose, de dire quelque chose, d'empêcher ses lèvres de trembler.

— Vraiment ? crie le gamin.

— Oui ! Une chaleur de tous les diables...

Ils doivent crier pour se faire entendre. La peur, cependant, paralyse le meunier. L'idée lui vient que ce qu'il voit n'a jamais été vu par personne. Un événement terrible est en train de se produire. Il a jailli du tréfonds de son être. Il fait tout éclater autour de lui.

Le meunier s'immobilise. Il regarde tout ce qui l'entoure : voici le grain bruissant, sur lequel les meules se jettent pour l'écraser.

La farine, semblable à la neige sèche, emplit les sacs. Le meunier sent sa chemise mouillée geler sur son dos. Là-bas, l'homme gratte le mur dès l'aube naissante pour pouvoir passer un jour de plus sur cette terre.

Un éclair, comme une cognée, fend l'air. Garde cela pour toi ! Voici l'*avalanche,* qui se déclenche en toi...

Il jette un regard timide du côté du gamin. Mais ce gamin est, tout simplement, vexé par le ton agressif du meunier. Ce n'est pas lui qui a rempli le poêle pour le faire chauffer de la sorte. Il s'est frotté le nez d'une main enfarinée, et son nez apparaît tout blanc, donnant au visage un air stupide et naïf.

— Va-t'en, songe le meunier à part lui.

Prenant la lanterne, il retourne à l'enfer du séchoir. Il y fait noir et étouffant. La chaleur l'accueille comme un coup de massue. La lumière troue les ténèbres, le poêle, les bancs. Le plancher disparaît sous une couche de vieille poussière et de débris de grains.

Le meunier sursaute. Ses membres se figent. Il aperçoit un homme qui ramasse un grain perdu dans la poussière et se met à le manger. Il ne bouge pas et tourne le dos au meunier. Ses oreilles remuent un peu tandis qu'il mange.

Un tremblement agite la maison. Il vient de la roue, et des pierres qui dansent. Le tremblement se communique au meunier, mais ce tremblement-là est causé par l'angoisse :

— Tais-toi ! Cela ne peut continuer !

Une fois de plus, il distingue l'éclair de la hache. Quelles sont cette menace, cette exigence ? Qui brandit cette hache ?

Le mouvement du grain s'est arrêté. Le meunier pousse à nouveau sa raclette et fait rouler l'orge sur les bancs. La sombre chaleur s'incruste partout. L'homme, lui, est paralysé par l'effroi, mais le grain bruit entre ses doigts.

En automne, la moisson couvrait les champs à la lumière du soleil et des étoiles. A présent, elle va ici vers son anéantissement, poussée sur les plateaux par un homme épouvanté. Elle va couler comme une cascade dans les sacs, puis les meules l'écraseront, les meules dont on entend le grincement dans la pièce voisine...

Le meunier ratisse les grains ; il travaille dur. L'ombre de son dos rond glisse le long des murs à mesure qu'il avance. Il remplit les sacs, en prend d'autres, et veille à ce que les étiquettes soient bien celles qui conviennent.

Quelque part, bien loin, ceux qui ont envoyé leur grain attendent la récolte mûrie sur un champ pierreux.

Le meunier halète. Le feu détruit ses poumons. Il va remplir un sac vide. Mais un homme prend le sac, le retourne, et il cherche si quelque grain n'est pas resté pris dans la couture. Et, en effet, il porte un grain à ses lèvres, et le mange.

Le meunier se dirige vers la porte. Il rentre dans la salle des meules, comme tout à l'heure. Tout son corps est inondé de sueur. La farine jaillit de partout. Le gamin, qui tombe de sommeil, est assis, tout recroquevillé, sur son escabeau.

Dort-il, ou cache-t-il simplement son visage ? Là-bas, près du mur, l'homme, maigre comme un clou, est en train de racler le bois.

La hache brille... Tais-toi ! Tais-toi !

« Mais oui ! songe l'homme, qui tremble de tout son corps, je le sais bien ! »

Il a l'impression que, s'il ne se tait pas, une terrible avalanche s'abattra sur le monde. Son silence constitue le dernier et faible rempart qui subsiste encore, et maintient les choses en place.

L'un des réservoirs à grains se vide, et fait entendre un bruit horrible. Ne dirait-on pas le cri de la faim ? Le meunier en est bouleversé ; un son pareil dans un moulin ! A qui s'adresse-t-il ?

Le garçon meunier ne se lève pas.

— Eh bien ! s'écrie le meunier, ne vas-tu pas voir ce qui se passe ?

— Laissez donc ! marmotte le garçon.

Il regarde du côté d'où vient le son strident, mais on dirait qu'il dort encore, et la meule continue à faire un bruit de tonnerre.

Le meunier répète :

— Eh bien ?

Son sang se glace. Le gamin comprend-il ce qui se passe ? Le voit-il ?

Non ! Il reste endormi.

Tout à coup il vide un sac, droit dans le trou béant, sur les pierres. Le bruit sinistre disparaît. On entend à présent un murmure calme et régulier.

Les yeux du meunier ont une expression égarée. Il jette loin de lui le sac vide. Car il vient de voir, derrière lui, un grand homme maigre, qui lui tourne le dos, qui s'empare d'un sac, et le retourne aussi. Ses oreilles bougent : il mâche des grains.

« Il faut que je me taise, il le faut ! » se dit le meunier, rongé du désir de partager son fardeau avec quelqu'un d'autre ; avec ce gamin naïf au nez enfariné, avec n'importe qui. Mais c'est impossible. Il faut qu'il garde tout au fond de lui ce qui est aux aguets là-bas. Il fait de ses regards des lames acérées, et les enfonce dans les yeux du gamin.

— Ne t'endors pas, bon sang !

— Ce n'est pas naturel, balbutie le garçon.

— Qu'est-ce qui n'est pas naturel ? Fais attention à ne pas abîmer les meules !

— J'ai fait attention, dit le gamin. Le récipient n'aurait pas dû être vide déjà. Ce n'est pas normal.

« Tais-toi ! Tais-toi ! » songe le meunier.

— Tu dormais, dit-il d'un ton ferme, d'une voix dure.

Tout en parlant, il prête l'oreille au grondement des meules et au murmure de la farine qui tombe dans les sacs. Des centaines de mains attendent cette farine, des milliers de mains... Le grain mûrit sur la terre entière, des montagnes de grains. Mais ce grain n'est pas ici. Et l'homme est là, à quelques pas. Sa présence s'affirme au point qu'il est entièrement visible. « N'en parle pas ! N'en parle pas ! »

Le garçon meunier a l'air aveugle ; pourtant il est sur le point de deviner. Il remarque l'attitude insolite du meunier. L'oiseau invisible a effleuré son visage. Il répète :

— Tout cela n'est pas naturel !

Le meunier se détourne pour ne pas se trahir davantage ; pour ne pas déclencher l'avalanche. Il prend la lanterne et rentre dans le séchoir. Il faut bien terminer la besogne. Une vague d'air embrasé l'accueille. L'éclat de la lanterne brise les ténèbres.

L'homme est toujours là, qui tripote la poussière.

Le meunier se frappe la tête de son poing pour se débarrasser de cette vision, mais l'homme ne disparaît pas. Il mâchonne du grain. Une profonde cavité se creuse entre les muscles de son cou. Il est là, et mange pour se maintenir en vie un jour de plus.

« Je ne puis plus supporter cette vue ! » songe le meunier. Mais une voix dit, en lui : « Si tu ne tiens pas bon, tu provoqueras des désastres inconcevables. Il te faut te taire, cacher ce qui se passe ».

Le meunier pose sur le plancher la lanterne dont la flamme vacille sous l'effet de la chaleur, et remet le grain en mouvement. La raclette remue des flots de grains, et les sacs s'emplissent. Le meunier fixe l'étiquette porteuse des noms. Il emporte les sacs. Et, pendant ce temps, ses pensées tourbillonnent dans sa tête. Elles vont chercher par-delà les mers les hautes montagnes de grains, les immenses masses de grains, le grain...

Aujourd'hui le désastre éclate. Aujourd'hui, il est ici même, le danger qu'il n'a pas pris au sérieux.

Le meunier travaille fiévreusement. Tout se mêle dans sa tête. Il a le vertige, il est fou, mais il fait exactement sa besogne. Il va chercher au magasin de nouveaux sacs et répand le grain sur les planches. Il place des bâtons pour séparer les tas de ceux qui ne possèdent pas de quoi remplir un banc entier. Souvent, ils n'ont qu'un sac ou deux. Ce grain est précieux, et le voici sur la planche. L'étiquette, tout à côté, indique le nom de celui qui a collaboré avec le Seigneur pour faire mûrir ce grain cette année.

« Dissimule ton angoisse. Regarde donc ! Il y a du grain dans cette pièce. Le grain bruit tout autour de toi. Ecoute le chuchotement de la farine. Ecoute le grondement des meules ! »

— Non !

L'autre est là. Il mâche doucement, patiemment, en détournant le visage.

« Oh ! Oui ! Ne te détourne pas ».

Tout à coup, on entend à nouveau le bruit d'une meule qui tourne à vide ; bruit caverneux, annonciateur de destruction. Que se passe-t-il encore, au nom du ciel ? Le meunier se précipite hors du séchoir.

L'apprenti est comme hébété, ses yeux clignotants. La meule tourne follement, avec un fracas de tonnerre.

— Tu n'entends donc rien ? hurle le meunier.

— Ce que je ferai ne servira à rien, rétorque le gamin. Il n'y a qu'à la laisser tourner.

Il ne lèvera pas le petit doigt.

La douleur oppresse le meunier. D'un saut, il est près de la meule et en arrête la marche. Elle ralentit. Le bruit qu'elle fait en s'immobilisant peu à peu semble s'étirer indéfiniment. Une odeur de pierre raclée se répand dans le moulin ; et ces mots, une question, bourdonnent dans la tête du meunier : « Qu'a-t-il vu, ce gamin ? A-t-il remarqué ce qui se passe ? »

De toute façon, il devine, maintenant... Il reste planté laissant tout aller son train.

Dans un coin de la pièce, l'homme racle la poussière. L'avalanche est déclenchée...

Le meunier apostrophe le garçon :

— Es-tu malade, par hasard ?

Le malheureux gamin balbutie, comme dans un gémissement :

— Non ! Mais...

Et le patron lui assène une telle gifle qu'il le fait trébucher.

— Vas-tu enfin faire ton travail proprement ? Il y a une montagne de grain dans le hangar, entends-tu ! Jamais, en une seule année, nous n'avons eu autant de grain. Et tu restes là, à dormir ! As-tu l'intention de ruiner mon moulin?

Les injures pleuvent comme grêle sur le gamin.

Le meunier, cependant, prend peur : « Tout à l'heure, il va se retourner vers moi en ricanant, et me percer à jour ». Mais le gamin ignore les pensées du maître. Les injures lui redonnent l'énergie que souhaite le meunier. Le rouge de la honte lui monte aux joues, sous la farine. Il pousse un soupir, comme de soulagement.

— Je ne supporte pas de veiller, je crois, dit-il, pour s'excuser.

Et il regarde autour de lui, de l'air de chercher quelque chose, qui n'est pas là... Quelque chose, qu'il s'attend à voir.

Le meunier, lui, voit. Ils sont là, et mangent la poussière

de farine. Il y a de quoi perdre la tête, mais il résistera !

Il court de-ci de-là dans la pièce, suivi par le gamin. Ils versent le grain dans les récipients, remettent en marche la meule immobilisée. Ils entassent les sacs vides. La meule tourne et bruit.

« Que ne puis-je m'ensevelir dans ce tas de grain, et croire, croire qu'il me faudra en moudre une montagne ! Cette montagne qui n'est pas venue jusqu'à nous ! »

Il jette un regard sur le gamin :

— Es-tu capable de surveiller la meule ?

— Oui ! répond le gamin, qu'il a empêché de *voir*, en stimulant son énergie.

Le meunier rentre dans le séchoir. Il écoute la roue ; il écoute les meules, et fait effort pour ne plus détourner ses pensées de ces bruits du moulin. Mais il ne parvient pas à chasser celui qui fouille la poussière. La lanterne projette son éclat vacillant sur le dos maigre. L'huile de la lanterne bouillonne tant il fait chaud. Le verre est prêt à voler en éclats.

Mais ici une montagne de grain s'amoncelle.

Le meunier travaille, travaille. Le poêle de pierre est presque aussi chaud que tout à l'heure, mais il faut néanmoins le recharger. A nouveau le corps du meunier va être pour ainsi dire calciné. Tous ses pores s'ouvriront à la brûlure du feu.

« Remue le grain ! Remue le grain ! » Il n'a plus conscience d'autre chose. « Débarrasse-toi de ces hommes ! La terre regorge de grain. Le grain est en route ; il vient vers ceux qui en ont besoin. Ecoute le bruit du grain qui arrive. Voilà le pain. Le voilà !... Ne restez pas là à me rendre fou ! »

Une détonation : la lanterne éclate, et tout est plongé dans des ténèbres opaques. L'éclatement produit une sorte de courant d'air plus frais, puis l'obscurité paraît encore plus chaude que ne l'était la pénombre. Le meunier n'est pas blessé ; la lanterne se trouvait trop loin de lui. Il reste immobile comme une souche.

« Si je fais un mouvement, je m'avancerai vers lui, et si je ne peux m'en empêcher, c'en est fait de moi. Si je bouge seulement un doigt, je le toucherai. »

Il se sent paralysé. Son fardeau l'écrase, et il se dit : « Ce fardeau n'est pas fait pour un être humain. Je ne peux pas le porter ». Mais une voix lui dit : « Prends garde ! à présent c'est toi qui retiens l'avalanche ! »

Mille pensées se bousculent dans l'esprit du meunier. Il écoute avec une attention si passionnée, que son cœur, semble-t-il, va cesser de battre. Mais il ne perçoit que le bruit des meules, et celui de la roue sous ses pieds. La roue tourne dans l'ombre du sous-sol, et fait trembler la maison et la maigre récolte.

Le meunier voudrait appeler, mais n'en fait rien. Il n'a, en somme, plus rien à opposer à sa propre misère. Il lui semble que le plafond brûlant et noir va tomber, mais c'est uniquement parce qu'il ne peut plus s'opposer à rien. Il ne peut plus rien. Ce n'est pas la maison, c'est lui-même qui s'écroule dans la nuit. Il n'a plus que le désir passionné de voir, d'une manière ou d'une autre, s'accomplir l'inconcevable, de façon à mettre en mouvement la montagne de grains, et à la faire venir jusqu'ici.

De grosses gouttes de sueur, brunies par la poussière, coulent de son front, mais on ne les voit pas dans l'obscurité. Il se bat avec le ciel. Il y a de quoi ébranler un homme jusque dans ses racines. Le temps n'existe plus. Les désirs de tous les hommes brûlent en lui. Il faut que les choses changent et que le grain puisse se déverser partout, afin que la vie subsiste sur la terre.

Les gouttes de sueur de son front sont de plus en plus grosses ; elles tombent sur le plancher. Le meunier est bien loin de cette pièce et ne songe qu'à arrêter l'avalanche qui menace. Il y a, là-bas, une montagne de grains, et il faut qu'il existe des puissances capables de la mettre en mouvement, de sorte que chacun en ait sa part. Il le faut, sinon ce sera le désastre définitif.

Le meunier tressaille. Une main vient de le toucher. Qui

est-ce ? Une voix connue lui parvient à travers le brouillard embrasé. C'est la voix du gamin, qui l'interroge avec inquiétude :

— Te serais-tu trouvé mal ?

— Mais non ! Pourquoi ?

— Je ne t'ai pas vu revenir, et je te trouve dans l'obscurité !

Le meunier se redresse avec peine. Un filet de lumière passe par l'entrebâillement de la porte de la salle des meules. Le maître constate que la voix du garçon ne trahit aucune angoisse. C'est sa voix habituelle.

Et, au même moment, le grondement des meules s'impose à son esprit : les meules fonctionnent normalement.

Le meunier éprouve brusquement une sensation nouvelle : il a obtenu du secours. En lui s'élève une sorte de chant : la montagne lointaine s'est mise en route. Elle vient ! Elle vient !

« Et pourquoi ne viendrait-elle pas ? » songe-t-il, en se relevant tout étourdi et trempé de sueur après ce vertige et ces doutes, après ce qui s'est accompli en lui dans les ténèbres, la fournaise et la lutte. Il sait que le désastre ne se déclenchera pas.

— La chaleur a été trop forte pour moi ! dit-il au gamin. La lanterne a éclaté. Dire que je t'ai battu !... Je...

Le gamin répond vivement :

— Oui ! Mais à présent, sors d'ici ! Tu as l'air malade !

— Peut-être. Je ne sais trop ce que j'éprouve. Et il poursuit : Ecoute ! en se tournant vers les meules.

Elles grondent, elles bourdonnent, et la montagne est en mouvement quelque part. Elle se meut imperceptiblement.

— Bientôt nous aurons tous suffisamment à manger, dit le meunier, à voix haute, pour se faire entendre du monde entier.

Il sort en chancelant de la fournaise. Le gamin lui tend un vieux manteau épais, que lui et son maître revêtent d'ordinaire après avoir eu trop chaud, quand ils sont exposés à nouveau aux courants d'air du moulin.

Les meules tournent. Mais personne ne racle plus la farine des murs. Toute faiblesse a disparu chez le meunier. Il est persuadé que la montagne de grain est en mouvement. Le grain poursuit sa course habituelle. Il est partout, on entend le sifflement des meules, où s'accomplit son destin, ce voyage émouvant qu'il fait pour arriver chez les hommes...

LE PETIT ETRE SANS NOM

Il est là, celui qui n'a pas de nom, et qu'elle a abandonné dans un pays profané et taciturne.

Jamais personne n'a été aussi seul, aussi abandonné. Il vient d'arriver dans ce monde et il est couché dans la lumière du jour. La lumière se répand sur lui, et tout son être tend vers elle, dans l'espoir qu'il a aussi une part dans ce qui l'entoure.

Personne ne se penche sur lui pour lui demander comment il s'appelle. Apparemment, on ne lui a pas donné de nom.

Nul n'est jamais sorti aussi nu du sein de sa mère.

De son petit doigt, d'une blancheur de cire, il trace une courbe au-dessus de son corps. Ce n'est qu'un mouvement presque imperceptible venu du tréfonds de quelque chose, qui ne concerne personne...

⁂

Un jour de grande chaleur, deux sœurs d'une grande beauté se regardèrent en silence. C'est-à-dire que l'une regardait l'autre, et que l'autre se laissait regarder, car elle était incapable de se dérober à ce regard, de rentrer sous terre avec sa faute. A quoi même lui eût-il servi de baisser les yeux, car, lorsqu'elle s'y essayait, elle sentait le regard sévère et muet la pénétrer encore davantage. Elle n'avait d'autre ressource que de le supporter, et elle le savait bien.

Elle se tenait devant sa sœur, et déjà la vie l'avait prise à son service. Elle portait un enfant dans son sein.

Mais tout n'était que ténèbres.

Les ténèbres ! On n'en sait pas davantage. Que sait-on des ténèbres ? Qu'y avait-il de brisé dans le visage de sa sœur tournée vers elle ? Un cri de douleur et de colère n'allait-il pas jaillir de ces lèvres : « Va-t'en ! Va-t'en ! »

Mais le cri ne vint pas.

Au lieu de crier, la sœur la quitta brusquement. Quelqu'un approchait. C'était leur mère et elle ne se sentait pas la force de rester dans la pièce.

La mère resta donc en tête à tête avec la malheureuse.

Une chose singulière se passa alors entre elles. Elles furent saisies du désir passionné d'*accepter*. « Parce que c'est toi, parce que c'est moi... » Mais ce désir ne dura que l'espace d'un éclair.

La mère courba le dos, passa à l'arrière-plan, elle aussi.

Les ténèbres enveloppèrent celle qui restait. Avait-elle cependant gardé quelque fol espoir ? Mais nul miracle n'était possible. Elle s'en rendit bien compte, elle-même, peu à peu.

« Il faut m'en aller, m'en aller ! » se dit-elle.

Il est sept fois nu, celui qui est couché là-bas, abandonné par sa mère. Pour elle, à présent, tout est silence. Tout simplement, elle n'est plus ! Mais le fardeau qu'elle a porté a été déposé. Il est couché sur le dos, et gigote, plein de confiance.

Le vent souffle sur lui. Il n'est pas chaud, le vent ! La peau fragile en a la chair de poule. Mais le petit se tourne vers le vent avec amitié.

Dans ce pays, le vent est glacial, mais l'enfant sans nom ouvre aimablement la bouche, et le vent hurle au-dessus de cette bouche ouverte.

Plus loin, le petit être nu distingue quelque chose d'incompréhensible pour lui, et qui cependant l'attire. C'est un cercle de vivants, mais aucun d'entre eux ne s'approche de lui.

Le petit être nu a l'impression que sa place devrait être parmi eux, et il est amicalement disposé à leur égard, mais ils restent toujours à distance. Il les regarde de loin, tandis que les herbes coupantes et les menus cailloux blessent sa chair tendre, sur la seule couche qui lui a été accordée. Ses dispositions envers le monde sont amicales. Il attend paisiblement que se produise un événement qu'il ignore. D'un buisson jaillit soudain un nuage doré.

Le nuage s'étend, rampe sur le sol ; il passe sur le petit être sans nom, qu'il fait tousser. Pourtant le petit homme nu accueille le nuage avec amitié, parce que le nuage est venu vers lui, et il joue avec lui, de ses petits doigts qui écrivent un langage muet.

Le nuage glisse sur lui, mais ne lui fait pas de mal.

Tant de choses peuvent se produire dans un pays profané...

A présent, tout passe sur lui, souffle sur lui. Mais la vie est tenace, et le petit être nu n'a fait violence à personne.

La nuit tombe.

Il ignore ce qu'est la nuit, et il pousse un léger gémissement. Rester seul dans la nuit n'est guère agréable. Mais la nuit est venue à lui, elle est pour lui.

Le cercle des vivants disparaît dès qu'il fait sombre. Le petit être nu en éprouve un léger sentiment de privation. Mais il n'a connu encore que très peu de privations ; il n'a eu que de l'amitié pour ce qui l'approche, et peut-être que tout va s'arrêter là ?

Mais non ! Le petit être nu vit !

Le soleil poursuit quelque part sa course enflammée. Le

soleil existe pour tous. Il réapparaît soudain, et il est à nouveau lumière, éblouissement.

Le petit être nu n'a pas succombé pendant la nuit.

Couché sur le dos, il attend quelque chose qu'il ignore.

Il n'a pas de nom, mais il attend, sept fois sans nom. Son doigt gourd trace une courbe maladroite : une toute petite courbe dans l'immensité du ciel... Et, malgré tout, la petite courbe a été tracée d'est en ouest...

LA CHUTE

Le calme se rétablissait peu à peu dans le train de nuit ; non pas que sa vitesse se fût ralentie, elle restait constamment égale à elle-même. De menues étincelles bleues jaillissaient du fil aérien dans l'obscurité humide de la soirée tardive. Les roues faisaient entendre leur chant régulier. Un frémissement agitait locomotive et wagons. Le train de nuit passait en trombe.

Mais dans les voitures le calme se rétablissait. Le contrôleur de nuit avait baissé les rideaux dans les couloirs pour bien faire voir qu'il était temps de dormir. Un instant plus tôt une foule de gens encombrait le passage. Les douaniers et les employés préposés au visa des passeports, avaient passé les voyageurs au crible et constaté que tout était dans l'ordre, mais après coup, chacun était resté encore un moment dans le couloir, devant la porte de son compartiment. On lisait les journaux ; on fixait du regard les ténèbres du dehors. On bavardait avec des compagnons de route totalement inconnus, ou bien on se contentait de les observer. Et puis, les uns après les autres, les voyageurs disparaissaient derrière les portes à glissières.

A présent, les couloirs sont vides ; le dernier voyageur est allé se coucher.

Il est rentré dans le compartiment, lui, le dernier, mais

il lui faut encore une fois jeter un coup d'œil à la porte au bout du couloir, celle qui donne sur la voie...

De là on ne voit rien de spécial. Les lourds loquets, et les poignées de cuivre ont exactement leur position réglementaire. Au dehors, c'est la nuit.

Il ne peut détacher ses regards de cette porte, qui donne droit sur la mort...

L'homme prête l'oreille aux battements de son cœur, qui ne se calme pas. « Pourquoi, au nom du ciel, ai-je pris ce train de nuit ? Comment se fait-il que je sois ici ? »

Il réfléchit. Sans nulle intention de partir, il a pris un billet, au dernier moment, puis a sauté dans le train. « Et ce billet m'a été délivré à l'instant même, en dépit de l'affluence ! Les choses ne se sont pas passées normalement...»

« *Tu songeais bien* à partir ! Inutile de t'agiter à ce sujet. Va donc te coucher ! Les autres voyageurs du compartiment t'attendent, pour pouvoir s'endormir tranquillement...»

Il hésite... S'attarde, la main posée sur la poignée de la porte. Les couloirs déserts oscillent au rythme des roues. Les lampes paraissent faiblir, dans une atmosphère d'abandon. On entend clapoter l'eau d'une carafe. Là-dessous, ce ne sont que grondements et coups sourds contre les rails. Le train va à toute allure. Celui qui tomberait par la portière serait voué à une mort certaine...

« *Quelqu'un tombera du train cette nuit...* Rappelle-toi : ce sont tes nerfs. Mais cela n'explique rien ! Tu sens que quelqu'un va tomber. Tu pourras essayer de crier, si personne ne te retient... »

L'homme songe : « ...Ces temps derniers, j'en ai eu plus que je ne pouvais en supporter. J'en suis comme vidé. Il faut freiner, à présent ! Allons dormir comme les autres gens. Mais ces choses ne s'expliquent pas. Ne crois-tu pas qu'ils y pensaient aussi, tous ces voyageurs, ce soir ? Et n'as-tu pas entendu comme ils se sont enfermés, verrouillés ? Ecoute le train ! Un train dans la nuit est une chose singulière... Mais oui ! rentre dans ton compartiment, et couche-toi ! Regarde... »

Il s'aperçoit que le compartiment est vide. Il va l'occuper *seul.* Il a à sa disposition tout un compartiment de troisième classe à trois couchettes dont les trois couchettes sont vides.

D'un geste brusque, il ferme le loquet.

« Du calme ! Du calme ! Ne prends pas tout au tragique! Tu es toujours le même, craignant le pire. Et puis, tu vois que tu t'es trompé ; tu t'es tiré indemne du danger ! »

« Oui ! Mais je suis *seul* dans ce compartiment, dans un train qui regorge de monde ! Je suis dans le compartiment de la mort ! »

Il lui faut prendre une décision. Il accroche à l'extérieur de la porte l'écriteau exprimant son désir de voir le conducteur de nuit. Cet acte le soulage. Dans un instant, ce visage officiel béni apparaîtra dans l'entrebâillement de la porte. Le conducteur est le représentant de l'Etat lui-même...

L'homme ouvre le loquet de manière à pouvoir rester tranquillement couché, quand le conducteur entrera. Il allume toutes les lumières, suspend ses vêtements aux crochets, et s'étend sur sa couchette. Les draps des autres couchettes sont parfaitement pliés.

Le train roule avec fracas dans la nuit.

Que se passe-t-il ?

Une ombre a glissé sur le miroir...

Il se lève pour verrouiller la porte à nouveau.

Il retient son souffle et tend l'oreille, espérant entendre les pas du contrôleur dans le couloir. Le contrôleur de nuit ne fera-t-il pas sa ronde ? Il *faut* qu'il vienne. Il *faut* qu'il frappe à la porte avec sa poinçonneuse et dise : « Pardon, Monsieur, que puis-je faire pour vous ? »

— Rester près de moi, car j'ai peur ! Il se passe quelque chose dans ce train !

Mais, sans doute, ne peut-on parler ainsi à un conducteur de nuit, qui doit veiller sur des centaines de gens ? Il pourrait lui dire :

— Pourquoi suis-je seul à occuper ce compartiment, dans un train bondé ?

L'autre répondra :
— C'est un simple hasard.
— Je n'en suis pas si sûr...
— Dormez tranquille, de toute façon !
— Mais les autres ?
— Quels autres ?
— Ceux qui ont disparu, au cours d'*autres* voyages ?
— Pur hasard ! Accident ! Bonsoir !

Pourvu qu'il dise cela sans sourciller. Pourvu qu'il répète : « Pur hasard ! pur hasard ! »

Pour quelqu'un qui se trouverait au sommet d'une montagne, le train ne serait qu'une sorte de ver se tortillant péniblement sur sa route, dont une faible lueur éclairerait à peine les périlleux méandres. Le long de son corps aussi de pauvres lampes luisent dans la nuit noire. C'est un bien misérable petit ver !

Quelque chose passe devant la glace...

« Non ! Cette fois, j'éteins toutes les lumières, on m'épie...»

Le train roule avec fracas. Un hurlement, dehors... La clarté de ces innombrables lampes blesse les yeux. Mais, bien entendu, l'homme n'en éteindra pas une seule.

« Où sommes-nous en ce moment ? Nous filons à 90 kilomètres à l'heure... La nuit immense... et ma terreur, alors... Je sais à présent qu'il ne viendra pas... »

Qui est dans le compartiment ? Il y avait quelqu'un dans la glace scintillante. Le miroir et les objets de nickel brillants étincellent à la lumière des innombrables lampes. Ils scintillent pour réjouir le cœur des enfants du vingtième siècle.

« Qui est dans le compartiment ? Ai-je dormi, ou n'ai-je pas dormi ? Peu importe ! Il y a quelqu'un ici ! »

L'homme se met sur son séant. Il n'y a pas un être vivant dans le compartiment, violemment éclairé. La veste pend à son crochet. Sur le rayon, devant la glace, se trouve le verre à dents.

Le train file avec un bruit de tonnerre.

Qui donc chuchote : « La première fois, tu entendras des pas... »

Son état est pire que jamais. Il ne peut s'empêcher de demander, dans un souffle :

— Es-tu là ?

Il essaie de serrer les lèvres, mais ne peut résister à ce qui, en lui, veut parler, veut appeler, et il crie comme un insensé :

— Es-tu là ?

Ce n'est pas un appel ordinaire. C'est un aveu. Il est livré sans défense. C'est ainsi qu'il *fallait* que les choses arrivent, et les lèvres sont forcées de crier :

— Es-tu là ?

Rien ne répond.

Il s'enjoint à lui-même : « Tais-toi ! » Mais, incapable de résistance, il crie encore. Il est contraint d'aller au-devant de *la chose*. Il demande : « Es-tu là ? » et il prête l'oreille, comme si une réponse était possible.

Il sent qu'il va bientôt obéir au signe, et il est pris du désir fou d'entendre une réponse nette et claire : « Oui ! Je suis là ! », au lieu d'entrevoir seulement cette ombre incertaine, innommable, qui passe devant le miroir.

Le train est une trombe dans la nuit.

« Laisse-moi réfléchir ! réfléchir !... »

Mais il n'a pas le droit de réfléchir, celui qui a accroché un écriteau à la porte. L'écriteau crie : « Viens ! Viens ! » à ce qui va le dévorer.

Enfin !... Des pas dans le couloir ! Des pas qui viennent vers lui ! Enfin un être humain ! Un être avec des galons et des boutons !

Les pas se rapprochent.

L'homme qui a peur se précipite hors de sa couchette, et ouvre le loquet, puis se recouche. Il écoute, le souffle coupé : c'est lui, *ce doit être lui !*

Les pas s'arrêtent.

Oh ! oui ! oh ! oui ! Sa pensée se précipite vers celui qui arrive.

Deux coups secs sur la plaque de cuivre du dehors.

La porte s'entrebâille. Personne ne l'a touchée. Le couloir est vide. L'homme sent un frémissement indéfinissable le parcourir. Il ne reconnaît plus ses doigts, ses bras, ses pieds. Mais il obéit. Ses membres raides se dressent. Il descend de sa couchette. Il est comme aspiré par la porte entrouverte. Il en franchit le seuil, passe dans le couloir désert.

Il obéit...

Le couloir, qui tangue et vibre, est vide...

A présent, plus d'atermoiement. Il va vers la portière du wagon. Il est aspiré vers cette porte qui donne sur la voie. La voilà qui s'ouvre... Les ténèbres... La vitesse... Le bruit assourdissant...

Qui a-t-il donc appelé, en suspendant l'écriteau à la porte du compartiment ?

LE REDOUX

Gunhild dormait encore paisiblement, mais il faisait déjà grand jour, et son père se penchait sur elle pour la réveiller et recevoir d'elle un petit baiser avant de partir. Il allait en ville ce jour-là. Gunhild dormait comme un loir.

Couchée au pied du lit, Trine, la grosse chatte, clignotait de ses petits yeux bienveillants. Elle avait sauté, comme à à l'ordinaire, de sa caisse sur le lit.

— Il faut te lever Gunhild, sinon je partirai sans t'embrasser !

— Mmmm...

— Il faut aussi t'occuper de Trine, reprit le père.

A ces mots, Gunhild s'anime. Elle ouvre les yeux. Quels yeux clairs et bleus elle a !

— Est-ce que les petits sont nés ?

— Non, non ! Regarde : Trine est aussi ronde qu'hier.

Il faut dire que Trine était grosse... Et les petits chatons pouvaient naître à tout moment. Trine, couchée sur le lit, ronronnait de contentement. Gunhild l'appela, mais elle ne bougea pas. Papa dit que Trine aurait bien dû passer la nuit dans sa caisse. Le lit de Gunhild était plein de poils de chat.

— Je suis obligée de la garder ici, dit Gunhild.

— Tu y es obligée ?

— Oui ! Toi, tu ne sais pas ce que je sais ! Et ses petits qui n'arrivent pas ! Fait-il froid aujourd'hui ?

— Oui ! Douze degrés en dessous de zéro.

— Alors Trine n'aura pas encore ses petits aujourd'hui, dit Gunhild en soupirant.

Quelqu'un lui a raconté qu'il fallait le dégel pour que Trine puisse mettre ses petits au monde, et Gunhild s'est mis en tête d'ajouter foi à cette histoire.

— En effet, si elle attend le dégel, l'événement ne sera pas pour aujourd'hui ! opina le père. Mais elle est trop ronde pour que nous puissions attendre longtemps encore.

— Moi, je ne peux plus attendre, s'écria Gunhild.

— Allons ! allons ! ne bouscule pas Trine de cette façon ! Cela ne lui vaut rien.

Gunhild tourna Trine sur le dos :

— Vois donc cette grosse boule !

— Oui ! Elle a quatre ou cinq petits chats !

Tout à coup les yeux de Gunhild s'illuminèrent :

— C'est vrai, papa ? Oh ! papa !

— Eh bien ?

— Je suis si impatiente !

Le père dit, plus bas :

— Laisse Trine un moment.

— Pourquoi ? dit Gunhild, qui savait bien à quoi papa voulait en venir.

— Donne-moi un baiser avant que je parte. Je m'absente pour toute la journée.

Alors vinrent les baisers de Gunhild.

— Toute la journée ? oh ! papa !

— Ma petite fille... Tu es ma petite fille !

Elle fit un oui énergique de la tête.

— Je ne rentrerai pas ce soir non plus, Gunhild ! Il me faut aller en ville ; j'ai beaucoup de choses à faire. Je ne puis m'attarder davantage !

Il se dégagea des bras de la petite. Elle essaya de le retenir, mais sans succès :

— Non, non ! Il faut que je parte ! Et il est temps aussi

pour toi de t'habiller et de déjeuner. Promets-moi de laisser Trine en paix.

— Je ne peux pas. Et puis, Trine est à moi, n'est-ce pas ?

— Peut-être que Trine aura ses petits avant mon retour, Gunhild ?

— Oui, peut-être...

Et le père s'en alla.

— Papa ! cria Gunhild...

Mais il était parti.

Gunhild ne s'habilla pas tout de suite ; elle traîna un peu. Des phrases montaient en elle : « Papa est parti... Il ne rentrera pas de longtemps... Papa ne rentrera pas avant demain matin... C'est bien long... Trine, fais tes petits !... Je les sens au toucher, Trine !... »

Mais Gunhild se tut brusquement. Elle avait entendu des pas.

— Voilà Ase, qui vient me dire de me lever ! Maman est fâchée ! Maman est si souvent fâchée !

Ase, la petite bonne, passa son visage rond dans l'entrebâillement de la porte, et dit, sans préambule :

— Gunhild ! Que fais-tu donc à Trine ?

— Rien du tout. Tu n'as rien vu...

— Ta mère m'a envoyée...

Gunhild l'interrompit :

— Oui ! Bien sûr...

Ase entra tout à fait dans la chambre :

— Ta mère te fait dire de te lever. Il est tard.

— Mais je m'habille, voyons, tu le vois bien. Qu'est-ce que le thermomètre marque aujourd'hui ?

— Douze degrés en-dessous de zéro. J'ai entendu ton père qui le disait.

— Mais hier, c'était la même chose.

— Peut-être bien ! fit Ase avec indifférence, ce qui vexa Gunhild, qui dit d'un ton brusque :

— Le dégel ne viendra donc jamais, pour que Trine puisse faire ses petits ?

— Oh ! Les petits viendront quand ils seront prêts à

naître, aussi vrai que je m'appelle Ase, dit la petite bonne. Laisse-nous tranquilles avec cette histoire de dégel.

— Mais puisqu'on me l'a raconté !

— Est-ce que, par hasard, tu y croirais ? fit Ase, en jetant sur Gunhild un regard scrutateur. En tout cas, ne tripote pas tout le temps cette chatte.

— Bon.

— Et viens à la cuisine dès que tu seras prête.

Gunhild attrapa ses vêtements avec précipitation :

— Tu vois bien que je me dépêche.

Ase ne le vit pas, car elle avait déjà quitté la pièce. Elle avait fort à faire le matin, et savait aller vite. Elle et Gunhild étaient bonnes amies, mais cette histoire de Trine lui portait sur les nerfs.

— Ase ! cria Gunhild, mais bien entendu sans succès. Et la petite fille prit Trine dans ses bras, et se mit à bavarder avec elle :

— Tu es toujours gentille, toi, ma Trine ; tu ronronnes, bien que tu sois pleine de petits. Tes yeux sont étroits ; on dirait un simple trait. Je presse un peu ton ventre, Trine. Est-ce que je le presse un peu ? Est-ce que je le presse ?

Gunhild prête l'oreille. Que se passe-t-il ? Le bruit vient de la cuisine. Un gros couvercle qui est tombé par terre. Mais quel tapage ! Gunhild lâche Trine comme si elle était de feu. Elle voit nettement le rapport entre ses agissements coupables et le bruit dans la cuisine. Les péchés se voient au travers des murs et des portes. Gunhild, naturellement, ne l'ignore pas. Elle ne peut plus être tranquille nulle part.

Trine a volé à travers la pièce ; mais elle est parvenue à retomber roulée en boule, en dépit des petits qui lui emplissent le ventre, et elle s'est remise sur ses pieds. Elle s'est réinstallée confortablement à l'endroit où elle a atterri, sans un mot. Elle est pleine de petits chats et sait se débrouiller en toute circonstance. Elle observe les choses à travers l'étroite fente de ses yeux...

Gunhild soupira. Elle cria brusquement :

— Trine !

Trine leva un peu la tête, puis regarda à nouveau droit devant elle, sans tristesse apparente, avec l'air de se résigner à attendre quinze jours encore ses petits, s'il le fallait.

Impossible de comprendre une attitude pareille ! Trine ne savait-elle pas, elle-même, combien l'événement était important ? Pour un peu, Gunhild se serait fâchée contre elle.

« Habille-toi donc ! Voilà maman ! » se dit Gunhild.

Elle entendait le pas bien connu. Maman apparut à la porte au même instant.

— Eh bien ! Gunhild ?

— Quoi donc ? fit Gunhild, l'air buté.

Maman ne parlait pas d'un ton fâché ni brusque, et pourtant elle avait un certain air... un air que Gunhild ne pouvait supporter.

— Je suis venue te réveiller. Puis ton père est venu te réveiller. Puis ç'a été le tour d'Ase !

Gunhild balbutia :

— Comment le gros couvercle est-il tombé par terre ?

— Le gros couvercle ? Quel couvercle ? Je n'ai rien entendu !

Mais alors, c'était pire que tout ! Cependant Gunhild se rassura. Maman ne songeait qu'à ses litanies quotidiennes :

— Habille-toi, Gunhild !

— Est-il vrai qu'il y ait douze degrés au-dessous de zéro ?

La mère soupira :

— Ne rabâche pas toujours la même chose ! Les petits de Trine viendront en leur temps... Te voilà enfin prête ! Allons faire notre toilette, maintenant.

Gunhild s'écria :

— Est-ce vrai que papa ne rentrera pas avant demain matin ?

— C'est vrai !

La mère regarda vivement sa fille. Celle-ci reprit :

— Il aime Trine plus que toi !

— Que veux-tu dire, Gunhild ? fit simplement la mère.

Gunhild avait les yeux pleins de larmes, car ce qu'elle

voulait dire n'était pas facile à exprimer. Ce fut d'un ton bref et comme figé qu'elle parla :

— Je te dis qu'il l'aime plus que tu ne l'aimes. Il est différent, lui. Il est...

Ses paroles s'interrompirent comme d'elles-mêmes. Maman paraissait déconcertée :

— Qu'est-ce qui te prend donc, Gunhild ?

— Je ne sais pas moi-même, s'écria Gunhild, mais...

Et elle attrapa Trine d'un mouvement si brusque que la chatte poussa un léger cri. La petite fille la prit dans ses bras, et courut à la porte avec son fardeau. La mère lui cria :

— Ne cours donc pas ainsi, en portant Trine. Tu la secoues comme si c'était un sac. Ecoute-moi ! Il faut que je te parle, Gunhild...

Mais la porte se referma.

— Gunhild !

Gunhild se réfugia dans un débarras attenant à la chambre à coucher. Il y faisait froid et désagréable, mais elle s'assit sur un escabeau avec Trine sur ses genoux, et s'abandonna à ses réflexions. Elle entendait ces mots résonner à ses oreilles :

« Ne cours pas ainsi, en portant Trine !... Ne mâchonne pas les aliments comme tu fais !... Ne t'assieds pas de la sorte sur ta chaise !... Ne chante pas à table !... Ne te suspends pas à cette porte ! » Peu à peu, les phrases se pressèrent davantage ; l'accent se fit plus impérieux : « Ne tripote pas Trine !... Ne chante pas à table !... Ne tripote pas Trine !... Ne fais pas ceci ! Ne fais pas cela... »

La ronde des mots s'arrêta brusquement : Ase était dans l'embrasure de la porte :

— Que fais-tu là ?

Gunhild se contenta de dire :

— C'est maman qui t'a envoyée, n'est-ce pas ?

Ase fit signe que oui :

— Il est temps de déjeuner, voyons, Gunhild !

Gunhild ne répondit pas.

— Qu'y a-t-il, Gunhild ? fit Ase gentiment.

Gunhild fut tentée de tout lui dire. Elle commença :

— Ase...

Ase voulut l'engager à continuer :

— Eh bien ? Raconte-moi tout...

Mais déjà Gunhild se replia sur elle-même :

— Je ne peux pas te le dire. Il y a tant de choses... Trine... et tout le reste.

— Si tu te tourmentes à cause des petits, rassure-toi ; ils viendront bientôt... dit Ase.

— Ce ne sont pas seulement les petits !

Ase restait décontenancée. C'était une petite personne toute ronde et gaie, et elle n'aimait pas voir Gunhild prendre cet air chagrin.

— Peut-être bien que non, fit-elle ; mais si les petits chats pouvaient naître tout de suite, cela...

Gunhild lui coupa la parole :

— Ils ne viendront pas...

Ase lui chuchota à l'oreille :

— Fais peur à Trine !

Gunhild percevait les paroles interdites comme à longue distance, la tentation l'attirait. La petite fille dit vivement :

— Comment ?

Ase poursuivit, toujours très bas :

— Fais-lui peur et tu verras...

— Alors les petits viendront ?

— Peut-être.

Gunhild entendait une voix lointaine lui dire que c'était là une chose à ne pas faire. Elle chuchota, à son tour :

— Mais ce serait un péché !

Ase fit la moue :

— Non !... pas un péché...

— Tu sais bien, toi, que ce serait un péché.

Ase mit brusquement un terme à la conversation. Pour une raison ou une autre, elle n'avait plus envie de s'attarder sur ce sujet.

— Eh bien ! Tant pis si Trine reste telle qu'elle est pendant tout l'hiver...

Gunhild ne savait pas à quoi attribuer ce changement d'attitude d'Ase. Il lui fallait s'en faire une alliée par un aveu.

— Dis donc, Ase ! J'ai pressé le ventre de Trine.

— Tais-toi, c'est ce que tu ne dois pas faire.

Gunhild s'écria :

— Mais je l'ai pressé si fort que...

— Es-tu folle ? Il ne faut pas.

— Je vais lui faire peur...

Ase prit peur. Elle reprit très vite :

— Non, non ! Laisse-la tranquille ! Au fond je crois que cela ne sert à rien.

— C'est toi qui me l'as dit ! fit Gunhild.

— Ce serait mal, Gunhild ; tu peux en être sûre. Allons, viens retrouver ta mère !

Gunhild garda le silence. Elle ne bougeait pas.

— Gunhild !... Enfin, fais comme tu veux ! Moi, j'ai autre chose à faire qu'à rester ici.

Et Ase sortit.

Gunhild la suivit à la cuisine. Maman y était. Elle dit aussitôt :

— Ne secoue donc pas Trine comme tu le fais !

Puis, se reprenant, elle ajouta sur un autre ton :

— Viens déjeuner, à présent !

Gunhild mangea vite et sans dire un mot. Sa mère restait à proximité mais n'essaya pas de s'asseoir à côté d'elle. Et Gunhild emporta Trine en sortant de la cuisine. Elles passèrent lentement, d'un air innocent devant maman, pour se rendre dans la salle. Oh ! que le péché était donc une chose agréable et passionnante ! Pécher, c'est comme se jeter dans un tas de foin, plonger dans cette douceur, jusqu'à en perdre la tête. Mais, en même temps, on est sur le point d'étouffer...

Gunhild sentait nettement qu'il lui fallait essayer de

suivre le conseil d'Ase : faire peur à Trine, pour faire venir les petits.

Elle déposa Trine par terre, et Trine resta à l'endroit même où Gunhild l'avait posée. Elle était affalée, pareille à un sac, et clignait des yeux.

Gunhild regarda autour d'elle, cherchant ce qui pourrait bien lui servir à effrayer Trine. Le tonnerre aurait juste été ce qu'il fallait ; elle frissonna à cette pensée : elle en serait épouvantée elle-même, et se félicita que la chose fût impossible. Jamais il n'y avait d'orage en hiver.

Inutile de pousser des cris affreux, car Gunhild l'avait fait souvent, histoire de s'amuser : Trine ne sourcillerait même pas ; encore moins ferait-elle ses petits.

Non. Il fallait renverser quelque chose. Et, au fond, Gunhild savait depuis longtemps ce qu'elle allait faire. Elle le savait dès en entrant dans la sale : elle renverserait le lourd cache-pot, posé sur son socle.

« Oh ! Cette maudite plante ! » disait papa ; et maman répondait : « Mon cher ami, que t'a fait cette plante ? » Et la dispute recommençait :

— Ce qu'elle m'a fait ? Elle grandit d'une manière terrible. Elle est affreuse. Tu l'arroses trop !

— Pas du tout. Pourquoi ne m'accordes-tu même pas de soigner cette plante ?

— *Même* pas !... Es-tu donc privée de tant de choses, Karen ?

— En tout cas, je pense que tu pourrais me laisser le plaisir de la cultiver. Ce n'est pas toi qui en as le souci.

— Elle s'étale avec insolence. Tu sais parfaitement que je la déteste.

— Oui ! Mais elle a bien le droit de vivre !

« Ce sera cette plante, dit à Gunhild la voix intérieure. Il faut absolument que ce soit elle. Ce sera certes un gros péché sans égal, mais... »

Elle posa Trine à côté du socle. Aussitôt le ventre de Trine s'étala par terre. Trine avait vraiment l'air d'une petite meule de foin. Elle restait immobile, les yeux clignotants. Le monde était un lieu de bénédiction...

Le cœur de Gunhild battait furieusement. Après tout, le projet n'était pas si facile à exécuter, et bien des raisons militaient en faveur de son abandon.

La petite fille inclina un peu le socle au pied duquel se trouvait la chatte. Le socle était fort lourd.

Boum ! Boum !... il était tombé !

Tout s'écroula d'un coup ; le socle s'allongea par terre, le cache-pot en cuivre et le pot de terre cuite, et la terre elle-même, et les tiges gonflées de la plante ne furent plus qu'un tas informe. Les feuilles malades étaient couvertes de poussière.

Gunhild resta atterrée. Le vacarme avait été assourdissant. Le plus violent coup de tonnerre n'aurait pu davantage ébranler le tympan.

Trine fit un bond de côté, mais rien qu'un seul bond. Après quoi, elle se recoucha, ronde et satisfaite comme avant. Gunhild la fixait de tous ses yeux : l'événement allait se produire... mais non ! Trine ne faisait pas mine de mettre au monde ses petits. Le coup était raté. Et, pour finir, ce serait la punition : une punition exemplaire, pour une faute pareille ! Gunhild en fut terrifiée, au point d'oublier presque qu'elle devait chercher un refuge auprès de son père. Oh ! si papa avait été à la maison !... « Les voilà qui viennent » songea-t-elle. Elle entendait leurs pas qui s'approchaient.

La porte de la cuisine s'ouvrit avec violence ; maman et Ase se bousculèrent pour entrer. Puis les choses reprirent leur ordre normal, et maman franchit le seuil la première :

— Qu'est-ce que tu as fait ? Comment as-tu réussi à renverser tout cela ? Viens donc voir, Ase !

Maman seule parlait. Ase, derrière elle, faisait des yeux ronds. Hélas, Gunhild savait d'avance tout ce qui allait suivre.

— Je... je... balbutia-t-elle, sans parvenir à en dire davantage.

— Cette plante est perdue, avec le pot et tout le reste ! dit Ase.

— Cette jolie plante ! dit maman.

— Elle a son compte ! ajouta Ase.

Gunhild se sentit brusquement fâchée contre Ase. N'était-ce pas Ase, qui lui avait suggéré son acte ?

Cependant, maman poursuivait ses doléances :

— Et le pot, que ton père m'avait offert !

« Aïe ! » sorgea Gunhild, qui devinait bien pourquoi maman disait cela.

— C'est papa qui te l'a donnée ? fit-elle, d'un air de doute,

— Oui, l'année où nous nous sommes installés ici.

Gunhild s'écria avec agitation :

— Pourquoi dis-tu cela ?

— Pourquoi je dis cela ? Dis-moi *d'abord* ce qui s'est passé ?

Gunhild garda le silence. Maman dit :

— Cette plante n'est pas tombée toute seule !

Gunhild bégaya :

— Non ! C'est Trine...

Ase intervint avec la rapidité de l'éclair :

— Oh oui ! Il y a longtemps que je me dis que Trine va faire un malheur, et qu'elle finira par renverser le socle de cette plante.

Gunhild ouvrit la bouche ; ces paroles la prenaient à l'improviste. Comme Ase était maligne ! Les ressentiments de la petite fille pour Ase prirent un autre cours, mais elle n'osa pas le suivre. Elle continua à bégayer :

— Mais... mais...

Maman se retourna vers Ase :

— Que veux-tu dire ? Je ne comprends pas ! Ase avait eu le temps de préparer son histoire :

— Mais oui ! N'avez-vous pas remarqué que la chatte sautait contre le socle et essayait d'y grimper ? La plante était lourde ; il en fallait peu pour le faire tomber.

Les paroles coulaient d'elles-mêmes des lèvres d'Ase,

Gunhild en restait bouche bée ; mais elle n'était pas capable d'entrer dans le jeu :

— Oui... je... je...

Ase reprit, d'un ton décisif :

— N'as-tu pas vu Trine grimper à ce cache-pot ?

Les joues de Gunhild brûlaient. Elle eut une seconde d'hésitation, puis elle dit, terrifiée au fond d'elle-même :

— Oui, c'est vrai, elle a grimpé.

Ase lui vint en aide du mieux qu'elle put :

— J'ai su tout de suite que c'était Trine.

Gunhild n'entendit pas ces derniers mots. Que tout cela était singulier ! Elle pénétrait dans l'étroit tunnel du péché; mais elle ne voyait aucune autre issue. D'autant que les petits chats n'arrivaient même pas !

S'ils étaient nés après tout ce vacarme, Gunhild aurait eu le courage de dire la vérité ; mais non pas à présent ! Maman pouvait croire ou ne pas croire ce qu'on lui racontait, et Gunhild attendait son verdict avec angoisse.

— Que tu es rouge ! dit maman.

Puis elle se tut, avec l'air de quelqu'un qui cherche à résoudre un problème.

« Elle ne me croit pas ! » songea Gunhild.

Maman parut prendre une décision. Elle se tourna, l'air sévère, vers Trine :

— Quelle sale chatte ! Et la voilà couchée tranquillement, comme si de rien n'était.

Trine restait impassible. Ses yeux étroits clignotaient. Son ventre s'étalait par terre. Le monde et son iniquité ne l'atteignaient pas.

— Sors d'ici ! fit maman.

Gunhild s'écria, tout émue :

— Il ne faut pas chasser Trine.

Trine ne bougeait pas davantage. Une sorte de puissance émanait de Trine la grosse petite chatte.

— Qu'est-ce que tu attends, Gunhild ?

— Rien.

— Oh ! elle a été bouleversée, elle aussi, la pauvre petite ! dit Ase, mais elle eût mieux fait de se taire.

Maman s'adressa de nouveau à Gunhild :

— Gunhild, je...

Elle ne put terminer sa phrase. Gunhild sentit l'impérieux besoin de se défendre. Avant même de s'en rendre compte, elle jeta ces mots, comme s'ils lui avaient rempli la bouche :

— Papa va être content !

— Ha ! ha ! ha ! fit Ase, mais elle s'arrêta brusquement, et se mit en devoir de balayer la terre et les débris qui jonchaient le plancher.

Elle n'osait plus se retourner. Le silence régna dans la pièce, un silence inquiétant. « C'est impossible, songeait Gunhild. Que va-t-il arriver maintenant ? » Personne, à l'exception de maman, n'en savait rien. Maman finit par dire enfin, tranquillement :

— Prends Trine pour que nous puissions balayer.

Et, ce disant, elle se baissa pour ramasser les tiges gonflées d'eau.

Gunhild prit Trine, et Trine lui parut lourde. On ne gagnait rien à avoir mauvaise conscience. Il eût mieux valu que maman ait fait un éclat ! Mais elle reprit :

— Va dans la cuisine avec Trine.

Gunhild fut prise d'une sorte de hoquet et sortit en courant, balançant Trine dans ses bras.

Dans la cuisine, sans se troubler le moins du monde, Trine se recoucha. Dans la salle, les autres travaillaient dur à remettre tout en ordre. Trine, délivrée de tout souci, attendait simplement le dégel pour mettre bas ses quatre ou cinq petits.

C'était Gunhild qui était dans de beaux draps ! « Ça va mal ! songeait-elle. Tout va mal. Oh ! Que tout va mal ! Mais les voilà !... Non ! Ce n'est qu'Ase. Qu'elle a donc été gentille ! Mais comment comprendre que... »

— La chambre est de nouveau en ordre, dit Ase, sur le seuil.

— Où est maman ?

— Elle est montée au grenier avec le pot cassé.

— Est-elle très fâchée ?

— Non, je ne crois pas, répondit Ase, sans avoir l'air d'y attacher de l'importance.

Puis elle se mit à rire :

— Il a fallu mettre la faute sur le compte de Trine... Ce n'est pas grave.

Gunhild ne pouvait partager l'insouciance d'Ase. Ses péchés lui pesaient sur l'estomac, et elle ne comprenait pas non plus l'attitude d'Ase.

— Dis donc, Ase !

— Hum ! fit Ase, brusquement sur ses gardes.

— Comment as-tu pu dire que c'était Trine ?

— C'est une idée qui m'est venue comme ça.

— Avais-tu vu Trine grimper au socle ?

— Oui, bien entendu, dit Ase, comme à regret.

— Mais comment as-tu pu la voir ?

Ase était sur le point de se fâcher.

— N'ai-je pas eu raison de le dire ?

— Oui, mais...

— Tu n'as pas été plus franche que moi, riposta Ase, sans aucune pitié.

Gunhild se sentait de plus en plus écrasée :

— Est-ce que c'est très mal ? interroge-t-elle.

— C'est toi qui as les plus grands torts, poursuivit Ase. Mais en voyant la façon dont Gunhild réagissait à ces paroles, elles les regretta..

— Voyons, n'y pense plus ! Lève la tête, Gunhild ! Bientôt nous aurons des petits chats...

— Le bruit n'a pas fait le moindre effet sur Trine.

— Chaque jour fait son effet sur Trine. Ressaisis-toi donc, Gunhild ! Voilà ta mère.

— Reste avec moi, Ase !

— Non, non ! C'est inutile.

Ase sortit et maman entra dans la cuisine. Impossible de rien lire sur son visage :

— Tiens ! Tu es là ?

Gunhild demande vivement :

— Qu'est-ce que tu as fait du pot de fleurs ?

— Il était en miettes. Je l'ai mis dans une caisse, au grenier.

— Est-ce vrai que papa te l'avait donné ?

Le visage de la mère eut une expression fugitive que Gunhild ne comprit pas.

— Pourquoi ne serait-ce pas vrai ?

— Je pensais que tu le disais simplement, dit Gunhild, la langue épaisse.

Elle savait bien qu'elle avait tort. Maman ne fit mine de rien ; elle se contenta de dire :

— Est-ce que papa ne te fait pas de cadeaux, à toi ?

— Oui, il me fait beaucoup de cadeaux.

— Il est donc naturel que j'en reçoive un de temps à autre, moi aussi. Tu ne trouves pas ?

Gunhild se taisait, dans une sorte de désarroi. Tout à coup, elle fut submergée par une quantité de sentiments divers concernant sa mère. Maman eut un petit hochement de tête à son adresse :

— Ne parlons plus de tout cela. Sais-tu que la suie de la cheminée commence à se détacher ?

— Non ! dit Gunhild décontenancée.

Elle ne comprenait pas où maman voulait en venir. Mais maman continue :

— C'est le début, comprends-tu ? Quand la suie se détache dans la cheminée et tombe dans le foyer, c'est que le dégel a commencé.

— C'est le dégel ?

— Non ! mais il va peut-être commencer.

Pourquoi maman disait-elle cela ? Pourquoi ne parlait-elle plus de *l'autre chose ?* Gunhild cependant se laissait gagner par les paroles de maman.

— C'est bien ce que vous attendez, Trine et toi ? dit maman.

— Oui ! Alors les petits chats viennent dès que cela leur plaît !

Que c'est curieux ! Maman était toute changée. Gunhild dit tout d'une haleine :

— Oh, maman ! Crois-tu que les petits chats naîtront cette nuit ?

— Personne n'en sait rien ; mais il faut bien qu'ils naissent un jour !

— Tu es toute drôle ,maman ! dit brusquement Gunhild. Pourquoi ne dis-tu ces choses que *maintenant ?*

Maman ne répondit pas.

— Tu les dis seulement maintenant, alors que tout va mal !

Maman poussa un soupir de découragement :

— Hélas !

— Pourquoi dis-tu : hélas ?

— Tu n'es pas facile à vivre, Gunhild ! s'écria la mère.

Puis elle se corrigea :

— Je pense que les choses ne sont faciles pour personne. Il y a Trine. Il y a...

— Tu ne voulais pas parler de Trine...

Gunhild, portant Trine, était sur le point de quitter la pièce.

— Où vas-tu ?

— Je sors. Trine veut sortir.

Maman leur barra la route. Trine se balançait de droite à gauche. Gunhild la tenait par les pattes de devant.

— Attends un peu. Que t'a dit papa, ce matin, au moment de partir ?

— Rien.

— Ne t'a-t-il pas embrassée ?

— Bien sûr qu'il m'a embrassée.

— Il t'a sûrement appelée « ma petite fille », s'il n'a pas dit autre chose ?

Gunhild garda le silence.

— Bon ! Il n'y a rien à faire ! dit maman.

— Trine veut sortir, fit Gunhild.

La mère se trahit, l'espace d'une seconde. Un éclair passa dans ses yeux :

— Cette Trine ! On finit par en avoir assez...

Mais elle s'arrêta court. Gunhild s'en rendit compte, et demanda, l'air effrayé :

— Quoi, quoi ?

— Rien. Va-t'en avec ta Trine. Qu'attends-tu pour sortir ?

— Tu es drôle, maman ! dit Gunhild, troublée.

— Tu l'as déjà dit.

— Voudrais-tu donc que Trine meurre ?

— Bien sûr que non !

— Mais c'est ce que tu as dit.

Maman resta désemparée une fois de plus :

— Attends...

La porte retomba sur ses gonds. Gunhild et Trine avaient disparu.

***

Le soir vint.

Gunhild s'était glissée dans la cuisine, auprès d'Ase, au moment où sa mère était sortie, et elle y avait soupé. Bien avant l'heure accoutumée, Trine et Gunhild se retrouvèrent dans leur chambre. Le poids qui pesait sur l'estomac de Gunhild était plus lourd que jamais. Quelle chose curieuse ! Pourquoi les mauvaises actions pèsent-elles sur l'estomac ? « Jamais je n'ai péché comme j'ai péché aujourd'hui, disait la voix intérieure, tandis que Gunhild caressait Trine. Mais les autres n'ont pas été meilleures que moi. Pas papa, bien sûr ! Il est vrai que maman est bien étrange !... Les gens disent : le vent a tourné ; la suie se détache dans la cheminée. Bientôt un trou noir apparaît sur la vitre. La neige mollit. Il fait de plus en plus noir, de plus en plus humide... »

Pendant que Gunhild s'entretenait ainsi avec elle-même, Trine ronronnait dans sa caisse.

Cette journée maléfique tirait à sa fin. Pour Trine, il n'y

avait aucune différence entre ce matin et ce soir. Elle était ronde et satisfaite. Gunhild veillait sur elle. Personne n'essaierait de prendre Trine à Gunhild. Trine avait une belle caisse pour y dormir, à côté du lit de Grunhild. Elle s'y était installée depuis longtemps. Ele ronronnait, les pattes allongées, quand Gunhild la caressait. On aurait dit qu'elle se sentait au paradis.

Au bout d'un moment, Ase entra, et dit tout bas :

— N'es-tu pas couchée ?

— Où est maman ?

— A la cuisine. Elle viendra avant que tu t'endormes.

— Dis donc, Ase !

— Vois-tu quelque chose à travers cette vitre ? demande Ase.

— Non. Les vitres sont aussi givrées qu'auparavant. N'est-ce pas terrible ?

— Ah ! dit simplement Ase, comme s'il n'y avait rien d'inquiétant à cela.

La porte s'entrouvrit, et on entendit crier dans le corridor :

— Ase ! Gunhild est-elle couchée ?

— Je me suis lavée, cria Gunhild à travers la porte.

Maman répondit, sans approcher davantage :

— C'est bien ! Alors, mets-toi au lit. Je viendrai bientôt te dire bonsoir.

— Oui, oui ! cria encore Gunhild.

Ase lui fit un signe de tête amical :

— Bonne nuit, Gunhild ! Dors bien ! Tu m'embrasses ?

— Oui.

— Mais qu'as-tu donc, Gunhild ?

Gunhild était incapable de le dire. Il y avait tant de choses...

— Allons, allons ! fit Ase, tout s'arrangera à la fois !

— Faut-il que je dise à maman la vérité, à propos de cette plante ?

Ase réfléchit un instant :

— Je ne sais pas trop. Fais comme tu voudras.

— Et toi, alors ?

— Moi ?

— Tu as sûrement commis un péché. C'est toi qui m'as poussée à faire tout ce que j'ai fait.

— J'ai seulement dit que j'avais vu Trine grimper au socle *auparavant*.

— Bonsoir Gunhild ! Quelle gosse quand même !

Ase était déjà dans le couloir. Gunhild ôta sa courte robe tout en fredonnant à l'unisson du ronron de Trine : « Ta caisse et ma caisse ! ta caisse et ma caisse ! Tu es couchée dans ta caisse, et tu viendras chez moi dès qu'il fera nuit. Mais pas à présent, pas à présent ! Ta caisse et ma caisse ! Allons ! il s'agit à présent de me fourrer dans la mienne ! »

On entendit des pas près de la porte. Maman fut dans la pièce avant que Gunhild eût réfléchi à ce qu'elle devait faire. Au moins, était-elle dans son lit.

— C'est bien, Gunhild ! C'est ainsi qu'il faut savoir se dépêcher. Et Trine, dans sa caisse, qui ronronne à faire trembler les murs...

— Pourquoi viens-tu me faire des compliments ? fit Gunhild.

— Je ne sais que te dire, Gunhild !

— Pourquoi, maman ?

— Je pensais seulement que le soir est enfin venu, mais tu ne peux comprendre ma pensée ; et maintenant, nous allons nous coucher et dormir.

— Mais il y a encore autre chose, maman ?

— C'est à toi de me le dire.

Gunhild se contenta de répondre :

— Ne veux-tu pas éteindre la lampe ?

— Y a-t-il quelque chose que tu as envie de me dire, avant que j'éteigne, et que je m'en aille ?

— Rien du tout !

— Que dis-tu ?

— J'ai dit : rien du tout !

— Bonne nuit, Gunhild !

Cependant, maman attend, la main sur le commutateur. Gunhild dit, d'une voix coupante :

— Pourquoi donc n'éteins-tu pas ?

— Dors bien, Gunhild !

Le déclic du commutateur... Il fait sombre, et Gunhild reste seule avec Trine.

— Trine... Viens ! viens près de moi.

Trine ne vint pas.

Gunhild songeait : « Qu'il fait sombre dans cette chambre ! Je ne peux pas dormir... Peut-être ne pourrai-je plus jamais dormir ? Je me tourne et me retourne dans mon lit jusqu'à en user mes draps... »

Mais ce n'était qu'un mauvais rêve.

Gunhild se réveille ; elle reprend conscience des choses et pousse un soupir de soulagement. En même temps, elle sent le poids de Trine sur ses couvertures. La joie, la paix la submergent.

Te voilà donc Trine ! Oh ! Que c'est bon de t'avoir ! ma bonne, ma gentille Trine ! Que c'est bon ! Tiens toi tranquille ! Ne t'agite pas ainsi ! « J'ai rêvé ! » se dit Gunhild ; mais elle n'a plus peur, et elle sombre à nouveau dans le sommeil.

Une horloge sonna douze coups, quelque part dans la maison : les douze coups de minuit. Tout était silencieux. Mais tout le monde ne dormait pas. Maman était encore éveillée. « Je suis là, à penser, à penser ! » songeait-elle, en se tournant dans son lit.

Peu après, elle entendit du bruit dans le couloir : quelqu'un entrait. « Mais qui donc, au nom du ciel ! Serait-ce quand même Per ? »

— Qui est là ? dit-elle à haute voix.

Le déclic du commutateur. Per était dans la chambre .

— Ce n'est que moi, Karen ! As-tu eu peur ?

— Bien sûr que j'ai eu peur ! As-tu eu quelque ennui ?

Elle parlait d'un ton hostile, qui lui causait un certain plaisir.

— Non, non ! Je n'ai eu aucun ennui, mais j'ai pu terminer toutes mes affaires aujourd'hui, et j'ai préféré prendre le train de nuit. Tu dormais ?

— Je venais de m'endormir, naturellement.

— Excuse-moi !

— Oh !

— Je te demande de m'excuser.

Elle dit, par habitude :

— As-tu mangé ?

— Oui ! Je suis passé par la cuisine, où j'ai trouvé quelque chose. Les chatons sont-ils nés ? poursuivit-il avec vivacité.

— Est-ce à cause des chatons que tu es rentré si brusquement ?

— Je voudrais savoir s'ils sont nés ?

Elle s'emporta :

— Non ! Ils sont encore là où ils étaient ce matin. Que veux-tu ?

— Je ne veux rien !

Il se dirigea vers la porte qui ouvrait sur la chambre de Gunhild.

— Inutile de la réveiller maintenant. Tu peux bien attendre jusqu'à demain matin.

— Je vais jeter un coup d'œil pour voir si elle dort.

— Quelle idée ! Tu vas tourner le bouton de l'électricité, et quoi encore ?

Il revint près de sa femme :

— Elle dort, et Trine a sauté sur son lit. Je n'ai rien fait de mal...

— Non ! Tu ne fais jamais rien de mal, dit-elle.

Il s'approche encore davantage :

— Dis-moi, Karen !

— Allons ! dis ce que tu as sur le cœur !

— Mais non. Je ne sais pas...

— ...Moi non plus je ne sais pas, s'écria-t-elle d'une voix chargée d'amertume, en dépit de toutes les pensées qui avaient surgi en elle. Elle parlait de la sorte par une vieille habitude.

— Ton accueil n'est pas très gracieux...

Elle ne répondit pas.

— As-tu quelque chose ? fit-il.

— Si j'ai dit quelque chose, ce sont les mots tendres que nous échangeons chaque jour...

Elle reprit :

— Tu veux donc garder Gunhild pour toi seul ? En tout cas, tu essaies de lui faire croire...

— Nous y revoilà ! Gunhild a bien le droit de s'attacher à celui auquel elle veut, non ?

— Per, tu sais parfaitement que tu *achètes* Gunhild. Tu ne cesses de l'acheter.

— Oui, c'est bien possible. Je lui achète des choses. Mais quel mal y a-t-il à cela ?

— Tu le fais pour l'avoir à toi seul.

— C'est toi qui es trop peu indulgente. Tu ne sais pas la retenir...

— Tu veux dire que c'est ma faute ?...

— Karen ! Qu'est-ce que tu as, ce soir ?

Elle se montrait plus irritable qu'à l'ordinaire. Peut-être les pensées qu'elle cachait étaient-elles à l'origine de son exaspération.

— Rien du tout ! Ne vas-tu pas enfin te coucher ?

— Bien sûr, marmonna-t-il.

Il ouvrait déjà la porte de la salle.

Peu après, elle l'entendit grogner, de l'autre côté du mur :

— Vrai ! Quel retour !

— Per ! fit-elle, d'une voix sans timbre dans son désarroi.

Elle ne l'appelait pas pour être entendue. Mais il revint auprès d'elle à l'instant même.

— La guerre serait-elle terminée ?

Elle se contenta de garder le silence.

— Regarde-moi, Karen ! As-tu vraiment...

Elle se taisait toujours. Il s'éloigna à nouveau. Pendant un moment, on l'entendit souffler et barboter. Alors elle dit, toujours désemparée, et comme si sa langue refusait tout service :

— Quelle toilette éclair tu fais !...

Encore une fois, Gunhild s'éveilla de son rêve. Il faisait nuit noire. Mais quel était donc ce remue-ménage ? Quels étaient ces petits bruits sur son lit ? Ce sifflement ténu, presque dans ses bras ? Quelque chose d'humide bougeait contre ses mains, et, au milieu de tout cela, la vie...

Que c'était étrange ! Gunhild n'y comprenait rien.

Et puis, soudain, elle comprit !

On entendait le ronron familier de Trine.

Gunhild bondit de son lit. Elle cria à tue-tête :

— *Ils sont là !* Allumez l'électricité ! Papa ! Maman ! Ase !

Dans l'obscurité, elle ne trouvait pas le bouton noir sur le mur. Il lui semblait que tout l'édredon n'était que petits cris. Gunhild multipliait ses appels...

Enfin une réponse ! Elle vint d'Ase. La chambre d'Ase était la plus proche de celle de Gunhild. Ase était sans doute déjà à la porte :

— Allume l'électricité ! Ils sont là, et je suis en plein dans le tas.

Un jet de lumière : Ase apparut, encore à moitié endormie, un manteau jeté sur ses épaules... Mais les yeux d'Ase ne tardèrent pas à s'ouvrir tout grands :

— Ha, ha, ha ! cria-t-elle. Mais Gunhild ! Tu es folle.

Un tas de chatons mouillés grouillait et geignait autour de Gunhild. Trine, détendue et heureuse, ronronnait et léchait ses petits.

— Il y en a partout, dit Gunhild, toute étourdie.

— Il y en a quatre ! Mais, Seigneur ! De quoi as-tu l'air, Gunhild ?

— Cela n'a pas d'importance ?

Gunhild était ravie.

— Maman ne va-t-elle pas venir ? Maman ! Maman !

Maman répondit dans le couloir :

— Me voilà, Gunhild !

— Je vais faire chauffer de l'eau à la cuisine, dit Ase.

— Oh ! Gunhild, tu es trop drôle !

Enfin maman entra. Son visage avait une expression inaccoutumée. Gunhild s'en aperçut tout de suite, et elle attribua cette expression à l'heureux événement, qui venait de se produire dans son lit.

— Oh ! maman, je suis en plein dedans !

— Oui, en effet, il est beau ton lit !

— Cela ne fait rien ! dit Gunhild. Trine ronronne déjà !

— Oh ! cette Trine...

Gunhild est tout oreille :

— Tu ne dis pas : « Quelle horreur !... »

— Non, répondit maman vivement, comme pour se débarrasser de quelque chose d'importun. Maman était toute changée, et Gunhild, en dépit de sa situation, au milieu des chatons humides, aurait bien voulu savoir pourquoi :

— Qu'as-tu donc, maman ?

— Rien du tout. Regarde tes chatons ! Mais il va falloir songer à te laver.

Trine plissait ses paupières, léchait ses petits, miaulait, ronronnait. Toute sereine, pas un instant elle n'avait perdu son équilibre.

Il n'en était pas de même de Gunhild, et elle remarquait que sa mère avait un air singulier. Ses rêves, ses péchés ne la laissaient pas en repos. Ils s'imposaient à elle avec une telle force, qu'elle dit avec effort :

— Maman, ce n'est pas Trine qui a renversé...

Elle ne termina pas sa phrase. Maman ne voulut rien entendre :

— N'en parlons plus ! dit-elle.

Et, tout à coup, il sembla que le redoux eût pénétré au tréfonds de Gunhild. Que c'était étrange ! » Tu es drôle, toi aussi, maman », songea-t-elle, mais elle ne dit rien, et se contenta de regarder sa mère.

Maman dit qu'elle allait voir si Ase avait fait chauffer l'eau, et elle sortit.

Gunhild resta seule avec Trine et ses petits. Elle crut entendre le claquement d'un paquet de suie dans le foyer. Ne voyait-elle pas aussi un petit trou noir dans le givre de la vitre ? Le vent ne soufflait-il pas doux et chaud ?

« Trine, songeait-elle avec tendresse, que tu es gentille ! Tu as été très, très gentille ! Trine ! »

Maman rejoignit Ase à la cuisine. Ase la regarda :

— L'eau est-elle chaude ? demanda maman.

— Oui ! La voilà ! Mais, dites-moi, quelqu'un est entré dans la cuisine cette nuit ?

— Chut, dit maman. Per est revenu à minuit et il a cherché de quoi manger.

— Pourquoi « chut » ? dit Ase.

Mais elle n'eut pas à poser d'autres questions, maman disait déjà :

— Gunhild ne doit le savoir que demain.

Ase devina un mystère et dit :

— Je m'étonne qu'il n'ait pas accouru au premier appel de Gunhild !

— Non, dit la mère, c'est moi qui ai eu cette chance...

ARNE

Arne songeait : « Rien ne saurait leur arriver... »

Il attendait l'autocar sur le bord de la route. C'était par une chaude journée de juillet. La large chaussée était couverte de poussière. Les autos, en passant, soulevaient des nuages d'un blanc grisâtre, qui faisaient tousser de belles cyclistes, peu vêtues, plongées dans ce brouillard. Mais elles en émergeaient, et continuaient de pédaler, leurs épaules et leurs cuisses brunes couvertes d'une fine couche de poussière, qui se posait même sur les lèvres fardées.

Arne les regardait, le cœur un peu lourd. Il sentait peser ce cœur d'une manière nouvelle, et songeait : « Rien ne saurait leur arriver... De toute manière, ceci restera beau... »

Il était près de quatre heures du soir.

— Le car n'est pas passé, j'espère ! dit une voix derrière lui.

Il se retourna, comme si on l'eût surpris à commettre une mauvaise action.

C'était Lars, un homme d'âge mûr, qu'Arne connaissait bien. Il venait du quartier des villas.

— Non, dit Arne, je l'attends moi-même.

— Mais il va arriver incessamment. Vas-tu à Oslo, Arne ?

— Non. Je vais voir ma tante.

Ils attendirent ensemble. Les autos ne cessaient de défiler devant eux, les faisant tousser. Un dernier flot de poussière enveloppa un nouveau groupe de cyclistes.

— Les pauvres ! Ils sont à plaindre en période de vacances. Regarde donc ces filles. Elles ne font qu'avaler la poussière des routes, du matin au soir !

Arne ne répondit pas. Il se contentait de regarder le groupe des jeunes filles, qui arrivait en trombe, doré, étrange.

Le groupe lumineux passa comme un éclair : scintillement du nickel, éclat de chiffons colorés sur des peaux brunes ! La première jeune fille leva le bras, en guise de salut à l'adresse d'Arne. Elle passa tout près de lui et dit : « Hello ! ». Déjà elle avait disparu...

« Eh bien ! quoi ? » songea-t-il, tandis qu'un léger picotement le parcourait tout entier. Il en éprouvait une sorte de joyeuse inquiétude.

Mais la deuxième cycliste arrivait sur lui. Elle donna un petit coup de timbre à l'intention du jeune homme, et déjà elle était loin... Le reste de la bande la suivit de près.

Elles eurent chacune un mot pour Arne, tandis qu'elles filaient à toute vitesse, en parlant à tort et à travers.

— Comme il a l'air timide ! Comme il est rouge !

— N'as-tu jamais vu un touriste en vacances ?

— Quel joli garçon !

— Mais nous n'avons pas de temps à perdre avec lui.

Et nous voilà parties !

— Et nous voilà parties !

C'était vrai. Elles avaient disparu en un clin d'œil. Jamais plus il ne les verrait...

« Tout cela est bien singulier, dénué de tout sens, *de tout sens,* songeait Arne. Ce n'est pas naturel. Pourquoi faut-il qu'elles ne fassent qu'apparaître et disparaître ; qu'elles appartiennent toujours à d'autres lieux ?

La voix de Lars le secoua :

— Un bel envol d'hirondelles ! Elles se sentent si sûres d'elles-mêmes, quand elles sont en nombre !

Arne se taisait.

— Avoue que tu flambais comme une torche, Arne ! dit Lars en riant.

Le car arriva. Lars et Arne lui firent signe. Il grinça, freina, et s'arrêta devant eux. Les fenêtres étaient ouvertes à cause de la chaleur, et la voiture était bondée. Lars entra le premier :

— Aïe ! dit-il. Il ne fait pas froid là-dedans. Et il n'y a pas grand espace pour vous permettre de respirer. Il faut nous asseoir sur le banc du fond, Arne !

Arne voyait devant lui un mur de visages indifférents et détendus ; visages de voyageurs d'autocar ; visages échauffés et somnolents. Pourtant Arne tressaillit devant le spectable qui s'offrait à lui...

Lars avait trouvé une place vide à l'avant-dernière rangée et s'y laissait tomber avec un grognement ; puis il regarda derrière lui. Le dernier siège tenait toute la largeur du car, et, à première vue, il était entièrement occupé par des jeunes filles en excursion. Lars cligna des yeux à leur adresse :

— Dites donc, les filles, pouvez-vous faire place à un garçon très grand, mais très mince ?

La demande ne fut pas mal accueillie :

— Peut-être bien ! dit l'une des jeunes filles.

— Parfait ! reprit Lars. Arrive ici, Arne, et assieds-toi !

Le car était déjà en marche ; il n'était guère facile de

se tenir en équilibre. Arne vit un espace libre qui s'offrait à lui, sur la gauche du siège, et il s'y coinça résolument.

— Il sera bien serré ! dit une des jeunes filles à Lars.

Lars tourna à demi la tête pour répondre :

— Peut-être, mais tout dépend de savoir contre qui on est serré...

Des rires fusèrent. Arne se cala en s'appuyant au dossier. Le car fit une embardée.

« Tout dépend de savoir contre qui on est serré ! »

Arne restait un peu ahuri. Il était coincé entre deux jeunes filles qu'il n'avait jamais vues, et qu'il osait à peine regarder. Il sentait leur présence, tout simplement, et en éprouvait une impression singulière. La jeune fille à sa gauche se trouvait tout contre la paroi du car. De l'autre côté d'Arne il y avait quatre jeunes filles sur la banquette. Il ne tourna pas la tête vers elles. Ses regards se portaient vers sa gauche. Il voulait s'assurer que ses yeux ne le trompaient pas. Comme par magie, tout en lui était attiré vers la gauche...

Arne était légèrement vêtu par ce temps chaud, et elles aussi étaient légèrement vêtues, et la jeune fille de gauche était certes la plus jolie, la plus extraordinaire de toutes.

Il ne connaissait rien aux jeunes filles.

Qu'il était donc singulier de sentir une jeune vie tout contre soi ! Il la sentait dans tout son corps, et en demeurait muet, les yeux fixés droit devant lui.

Tous les voyageurs étaient-ils donc frappés de mutisme ? Ou bien était-ce l'habituelle somnolence des autocars ?

Quelqu'un murmura à droite :

— Quel silence !

— Eh ! Là-bas ! On ne dit rien ?

« Là-bas ! » signifiait : à l'extrême-gauche. Les deux

interlocutrices louchaient dans cette direction en continuant à chuchoter :

— S'il n'est pas bavard de nature, Liv ne saura pas le faire parler.

— Qui sait ?

Au même instant, le car fit un bond, et la jeune fille à la gauche d'Arne se mit à rire sans aucune raison. La jeune fille de droite demanda d'un ton un peu sévère :

— Qu'est-ce qui t'amuse tant, Liv ?

« Elle s'appelle Liv... »

Liv répondit :

— Ce sont les sursauts du car qui me secouent.

— Tu trouves ça si drôle ? reprit la jeune fille de droite.

— Non, pas du tout ! répondit Liv.

Elles éclatèrent d'un rire moqueur, qui ne s'adressait à personne en particulier, de sorte que nul ne pouvait en prendre ombrage.

L'autocar roulait, s'arrêtait, roulait à nouveau. Les voyageurs restaient affalés sur leurs sièges. Ils s'endormaient les uns après les autres.

Arne ne dormait pas, lui...

« Comprends-tu ? Voici l'instant merveilleux... »

Il fit sans le vouloir un mouvement brusque :

— Excusez-moi ! dit-il très vite.

Au même instant, Liv dit aussi :

— Excusez-moi !

Cette fois, il fallait parler, dire n'importe quoi. Arne toussa :

— Le car est bien rempli aujourd'hui...

Elle inclina la tête.

— Ce car est presque toujours plein, répéta-t-il, à cette époque de l'année.

— Je m'en doute, fit-elle en levant les yeux sur son voisin.

Ce regard pénétra en lui comme un bienfait. Il dit :

— Mais parfois je l'ai vu presque vide...

— Vraiment ?

Qu'éprouvait-il donc ? Il était incapable de donner un nom au sentiment qui l'agitait.

Ils se sentirent forcés de trouver de nouvelles phrases creuses.

Arne dit :

— Aujourd'hui, on n'a vraiment pas besoin de chauffage...

— Non certes ! Ce n'est pas comme en hiver ! dit Liv, un peu déconcertée, car où voulait-il en venir ? Il fait très froid par ici en hiver.

— En effet.

— Et même au printemps...

— C'est vrai !

L'autocar grinça et freina pour un nouvel arrêt. Quelqu'un descendit. Lars se retourna :

— Voilà un type qui descend ; il y a une place libre. Qu'en dites-vous, vous autres, là-bas derrière ?

Pas de réponse. Personne ne parut avoir entendu les paroles de Lars.

— Eh bien ! fit-il. Personne n'en veut ?

Personne ne fit mine de l'entendre.

— Tant pis !

Le cou de Lars reprit sa position normale, et l'autocar démarra.

Mais une autre conversation suivait son cours dans la

voiture, une conversation singulière, sans paroles, sans gestes.

Cette conversation cessait, reprenait, cessait, reprenait : premiers balbutiements d'une timide adoration.

« Je ne savais pas... — Moi non plus je ne savais pas, mais je vais... — C'est moi qui vaïs... — Je voudrais te dire bientôt... bientôt j'en serai capable... — Je souhaiterais rouler ainsi indéfiniment dans cet autocar... — Je te sens contre moi, je... — Regarde-moi, regarde-moi bien... — Mais c'est ce que je fais... — As-tu dit quelque chose ?... — J'ai envie de te prendre dans mes bras... Mes mains tremblent du désir de te toucher... — Je voudrais que tu poses ta main sur moi et ne la retires pas... — Que dis-tu ?... — Je pense que tu as des mains bienfaisantes... J'en suis sûre... J'aspire après tes caresses... — Les autres t'observent... Je ne sais pas qui tu es ; il faut que je le sache... — Je me demande qui tu peux être, toi ?... — Maintenant, c'est le moment... — Ne renonce pas ; il faut aller de l'avant... de l'avant... »

Lars dit :

— Eh bien ! Arne, as-tu dormi ? Tu dois être mal assis ?

Arne sursauta et répondit, d'un ton acerbe :

— Je n'ai pas dormi du tout.

— Tiens ! Tu étais si tranquille !

Impossible de savoir si Lars se moquait ou non. Le ton de sa voix était quelque peu railleur :

— Je pensais...

Arne riposta sans nécessité, à haute et intelligible voix :

— Je ne descendrai pas avant longtemps.

Mais, après cela, il n'osa plus risquer un regard vers la gauche. Cependant il était reconnaissant à Lars de lui avoir donné l'occasion de parler. Ainsi il avait pu donner une indication importante.

— C'est vrai, dit Lars, je ne m'en souvenais plus.

Ils roulaient à grand fracas vers leurs destinations respectives. Le silence régna pendant quelques instants dans la voiture. Peut-être échangeait-on quelques propos malicieux, là-bas, sur la droite ? « As-tu remarqué ? — Non ! Non ! mais as-tu vu la manière dont Liv est assise ! — Je n'aurais jamais supposé ! — Le premier venu fait son affaire... — L'aurais-tu vraiment crue capable ?... — Oh ! Je n'en sais rien. On est souvent forcé de revenir sur son opinion... — Et lui, il est jeune, jeune — Il est tout à fait épris. »

La conversation se poursuivit plus bas encore : « Regarde donc ! Marit qui est assise à sa droite ! — Oh ! Elle n'obtient pas grand chose, celle-là ! »

Le rire strident et moqueur, impossible à contenir, s'éleva une fois de plus. Lars se tourna vers les deux jeunes filles :

— Quel joli rire vous avez, Mesdemoiselles !

Elles se fâchèrent. Il n'avait pas le droit de se mêler de leurs affaires, mais elles avaient rougi. Il continua :

— Comment pouvez-vous rire ainsi dans un autocar ?

— C'est notre droit, non ? dit la jeune fille, avec l'air de vouloir remettre l'impertinent à sa place. Le billet ne porte aucune indication contraire...

— Bon, bon ! Excusez-moi ! fit Lars, d'un ton conciliant.

La jeune fille ne se laissa pas arrêter dans son désir de vexer celle qui était assise à gauche d'Arne :

— Puisque notre conversation vous intéresse, sachez que nous parlions de la poésie des autocars...

— Mais je n'ai posé aucune question, dit Lars. M'est avis qu'un autocar n'est pas plus poétique qu'un estomac déficient !

Cette discussion ennuyait Lars. Il grommela quelques

mots, et détourna la tête. Un silence de mort régnait à présent dans la voiture. Quelques voyageurs dormaient ; d'autres s'épongeaient le front. Le moteur de l'autocar ronflait. On croisait des autos ; on dépassait des cyclistes. On était dépassé par d'autres autos qui filaient à toute allure. La route n'était qu'un nuage de poussière.

— Hello ! Liv ! cria quelqu'un à l'extrémité droite de la banquette.

— Oui ! Qu'y a-t-il ?

— Rien !

Et le rire fusa de nouveau. Puis ce fut un silence inquiétant.

Il fallait riposter tout de suite, et Arne ne trouvait rien à dire. Il se racla la gorge :

— Autrefois, un autre autocar faisait le service.

— Vraiment ? dit Liv.

Il parvint à ajouter :

— Vous n'êtes jamais venue dans cette région ?

— Pas précisément ici, dit-elle.

— C'est ce que je pensais.

— Habitez-vous ce pays ? dit-elle dans un souffle, et sans s'adresser directement à lui.

— Hm ! dit Arne.

— Je comprends.

Et ils purent revenir à l'autocar, beau sujet :

— ...Oui, il y en avait un autre avant celui-ci, dit-il assez haut pour être entendu de tous.

— Etait-il trop vieux ? interrogea Liv.

— Oui, il était trop vieux.

— Les autocars vieillissent-ils vite ?

— Oui, et ils coûtent très cher.

— Pourtant il y en a un grand nombre dans le pays, à présent. Chaque année il y en a davantage...

Chose étrange, ils parlaient des autocars, et il leur semblait entendre un chant merveilleux, derrière un rideau d'azur. Parfois ils échangeaient un regard furtif, et ils ne cessaient de percevoir leur présence mutuelle comme une chose juste et naturelle.

L'autre entretien, qu'ils menaient secrètement, ne s'arrêtait pas pour autant. Les paroles muettes allaient et venaient de lui à elle, et d'elle à lui : « Que tu es timide ! Pourquoi ? — Je ne comprends pas ce que tu veux dire. — Ne sens-tu donc pas... — Mais si ! Je sens, je devine... — Il faut que cela dure. Ne t'en va pas ! — Tu... Est-ce permis ? — Mais oui ! Caresse-moi... — Je le savais, je le savais depuis longtemps. — Caresse-moi ! — Il faut que nous nous revoyions. Il faut que nous nous parlions. Il faut que nous en sachions plus l'un sur l'autre. — Caresse-moi encore ! — Mais je vais descendre bientôt. — Caresse-moi ! Tes caresses sont bonnes ! »

— Regarde-le ! dit quelqu'un, tout bas, à l'extrémité droite de la banquette. Qu'il est donc comique ! Il croit que personne ne voit son manège... Il fait des progrès !...

— Jamais je n'aurais cru Liv capable d'une chose pareille...

Encore ce rire envieux...

Au même instant, l'autocar s'arrêta. Il fit soudain étouffant dans la voiture. Lars se leva :

— Dieu merci ! Je descends. On a les jambes raides à rester dans cette immobilité !

Il se tourna vers Arne :

— Et toi, Arne ? Ne descends-tu pas ?

Un nœud lui serrait la poitrine. Quelle indécision insupportable ! Descendre à présent ? C'est insensé, impossible ! Pourquoi les choses se présentent-elles ainsi ?

— Moi ? fit Arne.

— Oui, toi ! C'est ici que tu devais descendre, d'après ce que tu m'as dit.

Pourquoi, pourquoi les choses sont-elles ainsi ?

Il reprend, dans son trouble :

— Oui, je... oui, je... Il vaut mieux que je reste dans l'autocar jusqu'au pont, dit-il à tout hasard. J'aurai moins à marcher.

— Bon ! dit Lars. Merci de m'avoir tenu compagnie. Merci à ces demoiselles aussi ! Au revoir !

— Au revoir ! répétèrent les jeunes filles.

Arne ne dit rien. La porte de l'autocar claqua et la lourde machine reprit sa course.

« Pourquoi, pourquoi ? » songeait Arne, mais le désarroi de ses pensées céda à un regard que Liv lui jeta de biais en disant, sans presque remuer ses lèvres tentatrices :

— C'est loin, le pont ?

— Pas loin du tout !

La bouche séduisante murmura :

— Je vous demande cela parce que je me demande aussi si je ne devrais pas faire un saut chez ma tante, puisque je passe si près de chez elle.

Arne eut un sursaut agréable. Elle avait donc aussi une tante... Il ne montra pas son émotion, et dit, d'un ton indifférent :

— Oui ! Vous avez raison.

— Il y aura bien un autre car plus tard ?

— Il y en a un dans trois heures, répond Arne, dont les oreilles bourdonnent.

Elle hoche la tête :

— C'est parfait ! Je prendrai celui-là et je rejoindrai mes compagnes dans la soirée.

— Oui, dit Arne simplement.

Elle se pencha devant lui, et dit :

— Dites donc, vous autres ! Je crois que je vais descendre ici.

Elles eurent une attitude figée

— Mais pourquoi ? au nom du Ciel ? Voyons, Liv, tu passes les bornes!

Liv se mit à rire, l'air surpris :

— Pourquoi donc ? J'ai une tante qui habite dans ce coin. Il est bien naturel que j'aille la voir, puisque je passe par ici. Je prendrai un autre car, dans trois heures, et vous rejoindrai à l'endroit convenu.

Tout le monde se mit à rire :

— Toi aussi, tu as une tante ? Jamais nous n'en avions entendu parler !

Liv répliqua :

— Est-ce que cela vous regarde, si j'ai une tante ?

On entendit une voix railleuse à droite :

— Les tantes te tomberaient-elles par hasard du ciel à l'instant où tu en as besoin ?

Les autres se mirent à rire. Liv avait rougi. Elle répliqua :

— Pensez ce que vous voudrez. Je fais ce que je veux après tout...

Liv respirait avec effort. Sa situation était difficile. Toutes ses compagnes dardaient sur elle leurs regards acérés.

— Comme vous vous excitez! Je serai au lieu de rendez-vous trois heures après vous. Nous ne pensions rien faire de spécial en arrivant, n'est-ce pas?

— Vraiment ? firent-elles en chœur. Veux-tu vraiment te montrer mauvaise camarade, Liv ?

— Mauvaise camarade ! Un simple retard ne prouve pas qu'on soit une mauvaise camarade.

Arne ne pouvait se mêler à la discussion. Il restait bienheureusement coincé à sa place, écoutant les propos qui s'échangeaient entre les jeunes filles. Il tendait l'oreille, en proie à des sentiments nouveaux pour lui. C'est aujourd'hui que *l'événement* s'accomplissait...

L'autocar s'arrêta. On était arrivé au pont.

— Voilà le pont ! dit Arne.

Il s'agitait sur son siège. Il se leva et se dirigea vers la sortie, avec l'air de n'avoir jamais vu les jeunes filles. Il agissait impoliment, mais il se sentait complètement étourdi.

Liv aussi se leva brusquement.

— C'est vrai, voilà le pont; c'est ici que je dois descendre. Prends mon sac, Marit ! Tu seras gentille, cela m'évitera de l'emporter chez ma tante.

Marit resta bouche bée.

— Moi ? Je dois me charger de ton sac ? dit-elle sans s'apercevoir de tout ce qu'elle mettait de colère dans ces quelques mots.

— Oui ! Pourquoi pas ? Il ne te gênera pas. Il n'est pas grand... Mais je n'ai pas de temps à perdre ; l'autocar démarre. Au revoir, à tout à l'heure !

Et elle sauta du marchepied. Derrière s'élevèrent des exclamations !

« Demande-lui de te montrer le chemin jusque chez ta tante ! » Quelqu'un se mit à rire, d'un rire cruel.

La portière se referma ; le moteur ronfla, et l'autocar traversa le pont.

Arne et Liv, un peu décontenancés, regardaient filer le véhicule, pour gagner du temps ; mais une fois le car disparu, il ne leur resta plus qu'à sauter... Arne dit :

— Les voilà parties...

— Elles étaient en colère, dit Liv.

Elle se mit à rire, dans son trouble, regarda Arne bien en face, puis s'écria :

— Au nom du ciel, d'où a bien pu nous venir cette impulsion ?

Arne se sentait plein de désarroi. Impossible de rester là au milieu de la route.

— Ne pourrions-nous pas nous éloigner un peu ? dit-il d'un ton suppliant.

Liv déclara, sans lui répondre :

— Je n'ai pas de tante par ici. J'ai menti...

— Mais moi, j'ai une tante.

— Vraiment ?

— Oui ! Je suis venu avec l'intention de lui faire visite.

Elle eut un rire nerveux :

— Voilà qui est réellement drôle !

Arne était sur des charbons ardents. Il fallait faire quelque chose. Ce qui se passait était comme un rêve auquel il eût été impossible de croire. Mais il ne s'agissait, à aucun prix, de rester debout sur la route.

— Eloignons-nous un peu.

— Est-ce par là qu'elle habite ?

— Non, pas de ce côté. Je ne connais personne par là. Nous allons prendre ce chemin. Les gens d'ici me connaissent.

— Très bien ! dit Liv.

Elle fut tout de suite d'accord pour s'écarter de la route. Ils n'avaient rien à porter, de sorte qu'ils marchaient rapidement. On n'apercevait plus aucune maison, rien que le sol gris et la forêt. Ils étaient toujours sur la grande route.

— Voilà un sentier de traverse! dit Arne d'une voix indistincte.

Ils aperçurent en effet un petit sentier qui passait entre les arbres.

— Où va-t-il ?

— Je n'en sais rien. Nulle part, sans doute, dit Arne. Nous pourrions le suivre. Je crois que nous ferions bien, si nous ne voulons pas risquer... de rencontrer nos tantes.

Ils éclatèrent ensemble d'un rire bref, et restèrent embarrassés. Après tout, la situation était singulière...

Le sentier s'ouvrait devant eux, étroit et herbeux. Il faisait bon y marcher. Il serpentait entre les arbres verts. Arne le suivait d'un pas tremblant. Tout s'était passé si vite. Enfin, la jeune fille parla :

— Est-ce que votre tante vous attend ?

— Non ; elle ne sait même pas que je pensais venir la voir précisément aujourd'hui.

Le silence retomba entre eux. La jeune fille eut une petite toux, puis elle dit :

— Tu t'appelles Arne, n'est-ce pas ? Nous pourrions nous tutoyer...

— Oui! dit-il. Et toi, tu t'appelles Liv, n'est-ce pas ?

— Oui ! Et pour l'instant, nous nous contenterons de nos prénoms, n'est-ce pas ?

Il fit signe que oui :

— Comme tu voudras.

Le sentier herbeux se rétrécissait de plus en plus. On y était tranquille. Le feuillage, chauffé par le soleil, sentait bon. Tout était étranger ici aussi, et puis, soudain, Arne s'immobilisa. Liv lui dit :

— Qu'as-tu ?

— Je m'arrête simplement. Liv ! dit-il doucement.

— Oui !

— Tu es jolie ! Tu es merveilleuse !

Il l'entoura de ses bras et l'attira à lui. Elle répondit à ses caresses. Cette étreinte était une bien extraordinaire expérience pour un garçon comme lui...

— Oh ! Arne !

Ils restaient étroitement enlacés sur ce sentier envahi par les herbes folles. Arne était bouleversé : voilà donc ce qu'il éprouvait en la tenant dans ses bras...

— Liv !... Liv !...

— Arrête, Arne ! s'écria-t-elle, effrayée par sa violence. Puis elle ajouta :

— N'as-tu donc pas d'amie ?

— Non.

Le souvenir déprimant des heures d'attente s'imposa brusquement à nouveau ; il l'écarta de sa pensée.

Elle dit :

— Quel âge as-tu ?

— J'ai dix-huit ans !

— Ah ! fit-elle, d'un air un peu surpris.

Il devina pourquoi, et fut heureux qu'elle n'insistât pas davantage.

— Et toi ?

— A peu près le même âge que toi, répondit-elle.

Puis elle revint au sujet qu'il aurait voulu éviter :

— Dire que tu n'as pas de bonne amie !

— C'est parce que... les circonstances, tu comprends... dit-il avec effort.

Il aurait pu lui raconter tant de choses, mais elle n'y aurait rien compris. Il aurait pu lui parler de toutes ces portes closes...

— Pourtant les jeunes filles te plaisent, reprit Liv, en le regardant bien en face.

Dans les yeux de Liv brillait une flamme. De quel nom la baptiser ? Il n'existait pas de nom pour cette flamme mystérieuse.

— Je l'ai senti tout de suite.

— Tu me plais, *toi,* dit-il.

Elle reprit :

— J'ai presque peur de toi. Nous sommes là, tous les deux, dans cette forêt... Je ne comprends plus.

— Moi, je crois que je comprends, dit-il, tandis que ses mains avides caressaient Liv.

Il éprouvait pour elle une grande reconnaissance, et dit :

— Quand je pense que tu as sauté sans hésiter du car, que tu as inventé cette tante...

Elle lui avoua :

— Je crois que je commençais déjà à te connaître, pendant que nous roulions dans l'autocar.

— Et tu t'en iras dans deux heures !...

Elle lui fit une singulière promesse :

— Bientôt, toi, tu me connaîtras tout à fait...

Quelle promesse invraisemblable ! Il sentit l'impérieuse nécessité de la répéter, là, dans cette solitude parfumée. Il la redit très bas... en articulant à peine les mots : « Je te connaîtrai tout à fait... »

L'heure était venue, dont il rêvait. Que cette heure fût folle !

— Te rends-tu compte de ce que tu dis ? fit-il avec agitation.

— Oui !...

— Et toi, sens-tu comme je tremble ?

— Alors, viens, Arne...

TUSTEN

Quelqu'un arrêta Tusten au milieu de la route, pour lui demander s'il pouvait se charger d'une coupe de bois.

En face de lui, un homme de haute taille le dévisageait.

— Quoi ? s'écria Tusten, interdit.

Il n'en croyait pas ses oreilles. Il lui arrivait d'avoir des bourdonnements. Mais l'homme n'avait-il pas prononcé le nom de Mattis ?

L'autre répéta sa question :

— Je te demande simplement si tu pouvais te charger d'abattre quelques arbres pour moi, Mattis ?

Il avait dit Mattis, comme si de rien n'était ; comme s'il s'était agi de n'importe quel ouvrier. Tusten se sentit heureux au point d'en avoir chaud. Mais il dissimula sa joie, pour n'en rien montrer à l'homme qui l'interpellait. Les ouvriers ne tremblent pas de joie quand on leur pose des questions pareilles. Tusten le savait bien. Ils se contentent de répondre : oui ou non, comme il convient. Mais l'homme de haute taille l'avait appelé Mattis, et tous ceux qui l'appelaient Mattis étaient immédiatement marqués d'une étoile pour Tusten. D'ordinaire, ceux qui s'adressaient à lui ne l'appelaient pas ainsi. Il savait parfaitement que tout le monde le connaissait sous le sobriquet de Tusten, le Benêt...

— Oui, dit-il, quand il eut mis toutes ces choses en ordre dans sa tête.

— Tu peux t'en charger ?

— Oui.

L'homme lui avait posé la question à trois reprises. Pourquoi s'y croyait-il obligé ?

— Très bien ! reprit-il.

« Très bien », répéta un écho au tréfonds de l'heureux Tusten.

— J'étais vraiment dans l'embarras, dit l'homme, en se raclant la gorge. Il paraissait gêné.

— Où faut-il aller ? interrogea Tusten, qui n'avait même pas entendu ce qu'avait dit l'autre.

— Je pense qu'il faudrait commencer par le versant ouest. Il y a beaucoup de bouleaux de ce côté-là.

— Oui ! dit Tusten, bien qu'il ne connût pas du tout la région.

— Je vois que tu sais...

Tusten se sentait comblé d'honneurs. L'homme ne bougeait pas. Il restait au beau milieu de la route pour lui parler. Pourquoi une foule de gens ne passaient-ils pas par là pour assister à son entretien avec cet homme puissant, qui possédait des forêts et des flancs de montagne ? Toute la paroisse aurait dû être là. Cela lui aurait fait du bien ; mais, évidemment, ce n'était pas un dimanche, et la route était déserte. Et l'homme, qui ne faisait pas mine de s'en aller ! Il n'avait pas fini de parler. Il faisait attendre ses faveurs à Tusten.

Tusten attendait donc.

Le mois de mai était fort avancé. Il y avait longtemps que les eaux, débarrassées de la glace, coulaient à nouveau, libres et vivantes. Le printemps était venu ; une senteur d'herbe fraîche montait de la terre. Tout le monde se mouvait comme dans un miracle. *C'était* un miracle d'être sur la terre. Partout la vie, l'activité. Chacun travaille ; chacun y trouve sa récompense, et une part de ces bienfaits échoit à ce benêt de Mattis : on l'arrête au beau milieu de la route pour lui demander de couper du bois...

L'homme paraissait content. Il avait trouvé un bûcheron. Il ne dit pas qu'il s'était adressé à Tusten en dernier ressort, après avoir essuyé le refus de tous les autres. Tusten en eut le vague pressentiment, car il avait fait déjà de fâcheuses expériences, mais il repoussa cette pensée.

L'homme tira de sa poche une clé rouillée, et la tendit à Tusten :

— Voilà la clé de la cabane !

Tusten prit la clé :

— Bon ! dit-il à voix basse.

Cette clé lui paraissait infiniment précieuse.

C'était évidemment aussi la clé d'une maison de grande importance. Elle était signe de pouvoir et de force. Elle conférait à Tusten autorité, responsabilité.

L'homme reprit :

— Le trajet aller et retour en bateau est trop long pour que tu puisses le faire chaque jour. Il te faudra habiter là-bas.

— Oui.

— Tu n'as pas peur, au moins, de coucher seul dans la cabane ?

Tusten rougit, et l'homme parut un peu embarrassé. La langue lui avait fourché. On ne demande pas à un ouvrier ordinaire s'il a peur d'habiter seul une cabane de l'autre côté de l'eau...

— Et bien ! dit l'homme pour changer de sujet. Tu pourrais peut-être commencer dès demain, si tu as le temps. Il ne faut abattre que les plus gros. D'ailleurs, ils sont tous marqués, tu n'auras qu'à suivre les marques. Tu les couperas à la longueur habituelle, et tu les rangeras par demi-cordes. J'ai l'intention de vendre ce bois.

Tusten songeait que les paroles jaillissaient véritablement des lèvres de cet homme, et il croyait deviner pourquoi. La clé en main, il écoutait avec attention.

— Allons ! Au revoir ! dit l'homme.

— Au revoir ! répéta Tusten, et il se retrouva seul sur la route.

Tusten rentra chez lui.

Il avait grande envie de rencontrer des gens en chemin. D'ordinaire, il les évitait, mais aujourd'hui, il aspirait à aller droit vers eux. Ce désir lui venait de la clé rouillée, que sa main, enfoncée dans la poche de son patalon, tenait bien serrée. On lui avait confié la clé d'une maison. Il allait être le maître d'une maison, l'ouvrir, la fermer selon son bon plaisir. Il était si heureux qu'il regardait droit dans les yeux les passants qu'il croisait. Ceux-ci en demeuraient bouche bée. On lui avait parlé. On lui avait confié cette clé. Et tout cela le même jour !

Le souvenir d'une succession de jours gris et mornes chercha à s'imposer à lui. Il l'écarta délibérément, le refoula à l'arrière-plan : c'était la place, dorénavant, des vieilles toiles d'araignées couvertes de poussière et de mouches. Sur cet arrière-plan se détachaient à présent des étoiles. Tusten sentait jaillir de son cœur ce que ce cœur contenait de plus précieux.

En attendant, la route traversait un marais, un immense marais triste et inculte. De-ci de-là un sapin chétif s'élevait au-dessus du sol moussu. Ces petits sapins restent nains ; ils vivotent tout juste. A peine leur voit-on quelques branches tordues et sèches, couvertes d'un sombre lichen. Les revoilà donc ! Tusten leur jeta un timide regard.

Au même instant arrivaient un certain nombre de jeunes garçons, des livres sous les bras. Ils revenaient sans doute de l'école ou du catéchisme. Ils étaient en congé pour le reste de la journée. La gaîté pétillait dans leurs yeux, et on les devinait prêts à toutes les sottises. Tusten s'en aperçut, et voulut s'enfuir, car il ne pouvait faire pire rencontre. Mais il n'avait nulle possibilité de leur échapper.

La clé ne lui servait à rien, dans le cas présent...

Il remarqua l'éclair de leur regard, tandis qu'ils cherchaient quoi lui dire. Ils n'avaient aucune idée toute prête pour la circonstance. Il leur fallut quelques secondes pour la trouver. Peut-être fut-ce parce que l'étoile lumineuse brillait... Tusten ne se rendit compte de ce qu'il faisait que lorsqu'il étendit la main vers le marais :

— Regardez ! dit-il très vite.

Les gamins, surpris, obéirent. Leur cerveau, si fécond d'ordinaire, s'arrêta de fonctionner au moment où le coup devait partir. Ils ne virent rien ! Tusten, la main tendue, disait :

— Regardez ces petits sapins !

Ils restèrent muets. Tusten, debout devant eux, serrait la clé dans son poing. Il restait devant eux, petit, sec, ratatiné, une barbiche pareille à du lichen au menton. Jamais il ne parvenait à se débarrasser de cette barbiche. Il en restait toujours quelques poils.

Les gamins rougirent et s'en allèrent. Tusten partit de son côté, un peu surpris de son audace, mais heureux quand même. Il y avait longtemps qu'il n'avait remporté pareille victoire, et il ne cessa, pendant un moment, de revivre par la pensée ce qui venait de se passer : « J'ai tendu le bras, et leur ai montré les arbres... Les gamins n'avaient jamais songé que pareille chose était possible : Regardez ces petits sapins ! Voilà ce que j'ai dit tout simplement. Jamais ils n'y auraient songé tout seuls. »

Tusten serra la clé dans son poing enfoncé dans sa poche.

Et voici qu'il allait abattre des arbres comme les autres

hommes, et faire du bois de corde. « J'ai quelque chose à raconter à ma sœur », se dit Tusten, en traversant la route pour rentrer chez lui.

Il habitait avec sa sœur aînée dans une maisonnette à la lisière du bois. Il y entra résolument.

— Qu'as-tu donc ? interrogea la sœur.

Elle avait vu au premier regard qu'il apportait de bonnes nouvelles.

Tusten sortit la clé :

— Regarde !

— Qu'est-ce que c'est que cette clé ?

— C'est la clé d'une porte.

— Où l'as-tu trouvée ? fit-elle d'un ton sévère, comme si elle eût parlé à un enfant mal élevé.

Tusten se mit à rire de bon cœur :

— Je ne l'ai pas trouvée ; on me l'a donnée. C'est la clé d'une cabane. Je dois me rendre sur le coteau ouest, et couper du bois.

Il posa la clé sur la table, écartant tout ce qui s'y trouvait d'autre.

La clé resta seule, majestueuse et imposante.

— Est-ce un travail de longue durée ?

— Oui, il me prendra longtemps.

La sœur fut tout sourire. Ce n'était pas rien d'avoir un travail lucratif de longue durée. Tout à coup, les choses dont elle avait le plus urgent besoin furent presque à portée de sa main. Tusten allait enfin gagner quelques sous !

— Tiens, tiens ! dit la sœur. Ne te l'avais-je pas dit ?

— Qu'as-tu donc toujours dit ?

— Qu'il te suffirait de te mettre un peu en avant. Tu l'as fait, à ce que je vois...

— Oui, dit Tusten.

Ce n'était pas tout à fait la vérité, mais pourquoi mettre un frein à sa joie ?

Ils passèrent une bonne soirée. Tusten affûta sa cognée et aiguisa la scie. La sœur tourna la meule à aiguiser. Le bruit qu'il fit, en aiguisant la scie, pénétra jusqu'à la moelle de leurs os.

« Quel beau soir ! » songeait-il. Tusten se sentait de taille à affûter la cognée et aiguiser la scie pendant la nuit entière !

— Couche-toi donc ! dit la sœur. Tu sais bien qu'il faudra te lever de bonne heure, demain matin.

— Tu me parles comme si j'étais un gamin, riposta Tusten. Crois-tu donc que j'en sois *encore* un ?

La sœur grommela quelques mots. Elle était l'aînée. Puis elle alla se coucher. Avant que Tusten fasse de même, il resta longtemps debout sur le seuil à regarder le versant ouest. Il faisait clair, mais légèrement brumeux de ce côté-là.

Des nuages montèrent du sud. Allait-il pleuvoir demain ?

La sœur de Tusten dormait dans l'alcôve. C'était elle qui gagnait presque toute leur subsistance, grâce à toutes sortes de travaux de couture. « Oui, *autrefois,* il en était ainsi, se disait Tusten, *autrefois !...* »

Il gagna sa couche à son tour, mais il resta longtemps éveillé. Il couchait dans la salle, et il y faisait assez clair pour lui permettre de distinguer l'énorme clé sur la table.

Enfin, il s'endormit.

*
* *

Le lendemain matin, il pleuvait effectivement. Le ciel était bas. La pluie tombait douce et chaude. Tout fermentait, tout poussait sur la croûte terrestre, et l'eau dégouttait des arbres autour de la maison.

Tusten prit des provisions et son imperméable

— Tu seras trempé comme un barbet ! dit la sœur, en préparant les choses dont il pouvait avoir besoin.

Il se sentait plein d'ardeur. Des picotements d'impatience lui parcouraient le corps, et il mangea moins qu'à l'ordinaire.

— As-tu bien tout ce qu'il te faut ? demanda la sœur avec sollicitude.

Elle n'était pas accoutumée à équiper son frère de cette façon.

— J'ai tout ce que tu m'as donné, répondit Tusten.

— Tu as de quoi manger pour quatre jours, dit-elle, de l'air de tirer un trait. Quand tes provisions seront épuisées il faudra revenir en chercher.

— Oui, fit-il docilement, en tiraillant sa barbiche de lichen. Porte-toi bien en mon absence. Elle sera longue... mais...

— En général, ils restent absents huit jours, ceux qui travaillent dans la forêt, dit la sœur.

Tusten enfonça sa tête dans ses épaules et ne dit plus rien. Il transporta ses affaires au bord de l'eau, puis dans la misérable barque qu'il possédait. Il lui fallut faire deux voyages. La sœur, debout sous le porche, le suivait des yeux, comme si elle eût craint qu'au dernier moment il ne partît pas. Mais il s'en allait, plein d'ardeur sous l'averse. Point n'était besoin qu'elle veillât sur lui...

Elle cria, quand il fit démarrer le bateau :

— Ne te coupe pas toi-même !

— Non, bien sûr ! répondit Tusten, et il disparut entre les arbres mouillés.

Il se mit à ramer. Il ramait souvent sur le lac et pêchait un peu, mais il n'y avait guère de poissons dans ce coin-là. D'autres en attrapaient bien plus.

Eh oui ! pour une fois, sa sœur pourrait rester à la maison, en face de sa cafetière, tandis que lui s'en allait bravement sous l'averse, gagner leur subsistance à tous les deux !

Cette pensée lui était très douce. « Il en est ainsi quand tout se passe selon les règles, songeait-il. C'est bien ce qui arrivera dorénavant... Du moins, je l'espère ! » ajouta une voix au-dedans de lui.

Il rama longtemps et régulièrement. Il savait ramer. La pluie ne cessait de tomber, à gouttes lourdes et chaudes. Une légère brume, d'un gris délicat, couvrait la surface de l'eau. Des troncs jaunes flottaient de-ci de-là, emportés vers l'embouchure de la rivière. Des ombres plus grandes apparurent sur la surface gris clair. A peine les voyait-on qu'elles changeaient de forme, comme si elles eussent été douées de vie.

Tusten regardait ces routes de brume avec plaisir. Il se demandait à quoi elles pouvaient bien servir, et comment elles se formaient.

La pluie fouettait son imperméable délavé. Ses yeux étaient voilés et gris comme la surface de l'eau autour de lui. Des idées se pressaient en lui, prêts à prendre forme. Il faisait humide et chaud dans cette barque. Tout était bien lavé et frais.

« Je suis des chemins mystérieux », songeait Tusten.

Puis il se rappela qu'il n'était qu'une andouille, comme disaient les autres, et il s'arrêta de réfléchir, se contentant de frapper l'eau régulièrement de ses rames.

Il y avait loin de chez lui à sa nouvelle destination. Ses vêtements étaient trempés depuis longtemps. Son imperméable élimé ne valait plus rien contre la pluie. Ses genoux furent mouillés les premiers.

Tusten aurait aimé rencontrer quelqu'un là-haut, un pêcheur ou un flotteur de bois, afin de montrer à d'autres qu'il s'en allait dans les bois comme un homme. Mais il n'y avait personne, nulle part. Le bois flotté s'en allait tout seul du bon côté ; les flotteurs n'avaient pas encore commencé leur travail.

« C'est curieux, songeait Tusten, quand on a envie de voir des gens, on n'en rencontre pas. Mais quand on n'en a pas envie, on en rencontre ! Le contraire serait bien plus agréable... »

Boum !

Tusten fit un bond sur son banc. Il avait ramé droit vers la racine d'un tronc... Il jeta autour de lui un regard effrayé. « J'aurais pu couler à pic ! Est-ce parce que je m'abandonne à des pensées insolites ? D'ailleurs entre moi et la mort il n'y a qu'une planche pourrie, songeait-il. L'année prochaine, il faut que j'apprenne à nager... »

Enfin le versant ouest se dressa devant lui : les nuages de pluie qui l'enveloppaient le faisaient paraître encore plus haut. Les contours en étaient imprécis. Tusten se sentit tout petit : « Je ne serai qu'un point minuscule dans cette immensité. » Une pensée surgit en lui et chercha à s'imposer : « Inutile d'atterrir, rentre chez toi !... »

— Non ! dit-il tout haut, ne suis-je donc pas un homme !

« Tu ne t'en sortiras jamais ! »

— Si ! J'entrerai là-dedans, et j'en sortirai, fit-il avec une moue de défi comme s'il se fût adressé à quelqu'un qui eût pu l'entendre.

Il rama plus vigoureusement, et tout à coup il distingua la cabane, qui allait être la sienne.

Elle se trouvait dans une clairière juste au-dessus de la rive. C'était la maison dont il avait la clé : une cabane grise et basse, comme le sont toutes les cabanes sur les pentes désertes des montagnes.

Tusten dirigea sa barque vers la côte. La pluie fouettait la surface de l'eau et fouettait aussi le chapeau de Tusten. Il amarra le bateau et déchargea son équipement. La sœur avait eu l'idée d'envelopper les couvertures dans un sac d'engrais artificiel qu'elle avait décousu : excellente protection contre la pluie. Tusten emporta le tout jusqu'à la maison fermée.

Un sourire illumina son visage. Il fouilla dans sa poche et en retira la clé. Le singulier et charmant sourire persista : il sentait au tréfonds de son cœur ce que nul autre que lui ne connaîtrait jamais.

La serrure rouillée grinça, et Tusten entra dans la cabane. Elle était fort en désordre. Des souris y avaient mené bon train pendant longtemps. Ceux qui avait habité la maison en dernier lieu ne l'avaient guère nettoyée en partant, et les souris s'étaient nourries de leurs restes. Tout ce qui était mangeable avait été tourné et retourné trois fois. Tusten considéra son domaine.

La voix disait : « Rebrousse chemin ! Rebrousse chemin ! »

— Vous êtes des cochons ! dit-il aux souris, en se tournant vers les trous creusés dans les angles de la pièce.

Puis, écartant les crottes de souris, il trouva un coin pour y déposer ses affaires.

C'est ainsi que les hommes nettoient une maison ! Les filles la nettoient autrement. « Les filles ! » songea-t-il brusquement ; mais cette pensée aussi, il l'écarta à peine eut-elle effleuré son esprit.

La pièce appelait à grands cris une flamme vivante et de la fumée, après les longs froids de l'hiver. Le fourneau éteint et noir les réclamait. Mais Tusten répondit qu'il n'avait pas le temps de faire du feu. Il ne songeait qu'au travail : « Je ne mangerai pas ; je ne ferai rien d'autre que couper du bois, couper du bois... »

Il saisit donc la cognée nouvellement affûtée. Elle était

lourde. Tusten se sentait revivre. Il sortit dans la majestueuse forêt de bouleaux, ruisselante et parfumée. Il pleuvait. L'humidité alourdissait le feuillage, qui bruissait doucement. Les feuilles, précoces cette année-là, étaient déjà de bonne taille.

Tusten s'arrêta. Une sensation si vive l'étreignit qu'elle lui fit mal. Ce n'était qu'une sensation. Il n'aurait su la qualifier. Son cœur se contractait. « Me voici en ce lieu, moi aussi, se disait-il, comme s'il eût découvert une sorte de rapport entre ces choses. Moi, qu'ils appellent Tusten, je suis là ! » Il respirait l'odeur balsamique des plantes mouillées. Il était mouillé lui-même mais ne s'en apercevait pas. Ses vêtements répandaient une odeur aigre dès qu'ils étaient humides, mais il ne sentait que le parfum balsamique qui montait vers lui. Brusquement, il s'apostropha lui-même :

« Tu n'abattras pas une branche, si tu restes à bayer aux corneilles toute la journée ! »

Et il alla travailler.

Le propriétaire de la forêt avait, en effet, marqué les arbres. Les plus grands portaient une entaille brune sur leur tronc blanc. Tusten se dirigea vers eux comme à l'aveuglette, mais il n'était certes pas aveugle, à ce moment-là ! Il était bien réveillé et conscient de ce qu'il faisait. S'agenouillant, il fixa la longue lame de scie.

Comme il pleuvait !

Comme les feuilles bruissaient au vent !

La lame de la scie pénétra dans le bois nourri de sève. Entre l'écorce et le bois, la sève s'étalait en couche épaisse. Un liquide d'un blanc bleuâtre coula sur la scie. La lame rongea le tronc jusqu'au moment où il vacilla. La large couronne de feuillage moelleux frémit doucement. Tusten leva les yeux. Il prit sa cognée et rampa le long du bouleau, au tronc blanc, qui gisait abattu sur le sol. Il rampa, tout petit, avec sa barbiche folle au menton, ses joues creuses, ses cheveux collés sur le front.

Il allait d'un arbre à l'autre, abattait celui-ci, ébranchait celui-là. Il les tirait les uns après les autres jusqu'à l'endroit où il les couperait pour leur donner la longueur habituelle.

« La longueur habituelle ! Voilà une phrase que j'aurais pu et bien voulu dire à ma sœur... C'est un péché d'abattre des arbres pareils, se disait Tusten. De quoi sont donc faits ceux qui possèdent des bois de bouleaux ? Ils marquent pour la cognée les plus beaux de leurs arbres. Je ne voudrais pas m'associer à eux. Mais c'est ainsi qu'on gagne de l'argent.. Et puis, on ne sait pas que faire de l'argent gagné... »

Il se mit à énumérer, *in petto,* les achats qui lui seraient le plus nécessaires, comme pour calmer ses scrupules de conscience. Et le nombre en fut bien plus élevé qu'il n'aurait cru d'abord. Sujet dangereux à effleurer. « Il me faudrait aussi une femme et des enfants », se dit Tusten. Cette pensée était comme un arc-en-ciel, couronnant tous ses autres désirs. Il fallait vraiment commencer, une bonne fois, à gagner de l'argent.

Il pleuvait.

Tusten donnait des coups de cognée, portait des charges de bois et travaillait comme un cheval.

Il y avait aussi des sapins nains, secs et noirs.

Tusten eut un sursaut. Des pensées singulières, inexprimables, traversaient son esprit. Puis il sentit le froid de la pluie dans son dos, et se remit à faire marcher cognée et scie. Mais ses forces ne lui obéissaient plus comme auparavant. Il était plus vite fatigué qu'il n'aurait cru. Son corps n'était pas assez aguerri pour suffire à pareille besogne. Il était à la fois lourd et mou.

Impossible d'échapper à l'amère vérité : le travail se ferait lentement. Le tas de bois serait de petite dimension, aujourd'hui, bien plus petit que celui que feraient les autres bûcherons. Une ombre obscurcit les pensées de

Tusten, dénuée de sens, comme les racines dressées d'un sapin abattu la nuit par un coup de vent.

La gorge de Tusten émit un bruit singulier et guttural : à quoi bon ? Il n'aboutirait à rien. Il ne rapporterait rien à la maison. Il n'aurait rien non plus à offrir à une jeune fille. Il n'aurait rien.

Assailli par le découragement, il alla, sans presque se rendre compte de ce qu'il faisait, vers les sapins nains, qui se dressaient sur la mousse, et, brandissant sa hache, il abattit un des petits arbres. Il sentait qu'il agissait mal, mais tant pis ! Ce qui est fait est fait. Trois coups suffirent. Le tronc était à peu près de la grosseur d'un bras maigre. Tusten resta planté devant et considéra les lignes du bois. Il compta tant d'années qu'il en fut effrayé. Les cercles filiformes étaient serrés les uns contre les autres. Jamais la sève n'était montée dans le tronc, à aucun printemps. La vie avait persisté dans cet arbre juste assez pour permettre au lichen de pousser.

Tusten fixait un regard consterné sur son œuvre. Ses yeux s'assurèrent qu'il était seul. Après quoi, il traîna le chétif petit arbre vers l'intérieur de la forêt.

Il frissonnait en sortant du bois, et il alla tout droit à la cabane. Il lui fallait un bon feu à présent.

De toute façon, il avait besoin de quelque chose. Cette histoire de sapin lui avait fait un tel effet qu'il ne se sentait plus capable de couper même des bûchettes.

« Tu es bien vite prêt à abandonner la partie ! » dit une voix. Elle était donc dans la cabane ? Combien de fois sa sœur ne lui avait-elle pas répété ces paroles ! Tant de fois que la voix résonnait aux oreilles de Tusten, en dépit de l'étendue d'eau qui les séparait. Il donna à une souche un coup de pied tel qu'il faillit être renversé lui-même.

Près du mur, se trouvait un petit tas de bois sec, et il put faire du feu assez rapidement. La pluie tombait dans la chambre et grésillait à la flamme. Les provisions étaient sur la table, mais il restait plongé dans la contemplation de la flamme.

Comme il ne se réchauffait pas, il empila plus de bois dans le foyer. Cette fois, il se sentit mieux. Il avait vraiment plongé au fond d'un trou, mais la chaleur lui fit du bien et le ranima.

Le grand feu était rassurant. La lueur de la flamme jouait sur les murs sombres. Tusten se réchauffait. Ses vêtements mouillés fumaient. Il finit par avoir faim, et tira à lui son sac de provisions.

Manger lui rendit des forces. La chaleur pénétrait tout son corps et les aliments glissaient dans son estomac. « Je ne me laisserai pas abattre, songeait-il. — Tu es si versatile qu'on en perd la tête, dit la voix de l'autre côté de l'eau. — Je te ferai bien voir si je suis versatile », songea Tusten, et il retourna à son travail, en fermant soigneusement la porte. De cette façon, il se servirait également de la clé à son retour.

Derrière lui il entendait des craquements et des pétillements dans la cabane, car il avait bourré le poêle de branches de genèvrier.

« Bon courage ! se dit-il à lui-même. Reprends ton travail avec un courage nouveau. »

En sortant, il reçut la pluie sur son visage chauffé par la flamme. La pluie avait changé : elle était à présent fine et serrée. Les toiles d'araignée tendues entre les buissons la retenaient au passage ; elle restait suspendue aux herbes du sol. Un voile de brume gris bleuté couvrait les pentes, et une vapeur légère montait de l'eau.

Un escargot s'était installé sur le manche de la cognée de Tusten, lorsque celui-ci voulut prendre ses outils. Ces escargots ! D'ordinaire ils parviennent à peine à se mouvoir, mais dès qu'un bout de bois gît sur le sol, par temps de pluie, ils y montent, avant qu'on ait eu le temps de dire ouf !

Tusten détacha soigneusement l'escargot et le déposa par terre, dans les broussailles, en veillant à ce qu'il ne lui arrivât aucun mal. Puis ce fut à nouveau le travail. Les coups de cognée faisaient un bruit sourd. En dépit du silence environnant, les sons ne portaient pas loin. Cette pluie était endormante.

Et tout à coup, Tusten vécut une heure heureuse !

La chose se produisit tandis qu'il s'occupait d'un grand bouleau blanc, dont le tronc sans nœuds était d'un très beau bois. Tusten se sentit brusquement capable de travailler bien plus qu'auparavant. Le tas de bois augmentait plus rapidement. Tusten sentait son corps agile dans ses vêtements mouillés. L'activité avait assoupli ses membres. Mais ce n'était pas cela qui le réjouissait. Il percevait tout ce qui l'entourait avec une intensité miraculeuse : le feuillage luisant des arbres aux branches entrelacées, et les herbes nouvelles répandaient une odeur balsamique de verdure fraîche. Le sol était couvert d'anémones déjà prêtes à se faner. Du tronc du bouleau qu'il fendait montait aussi un faible parfum, si frais qu'il rappelait celui des prairies humides du printemps. Tusten voyait des escargots qui grimpaient sur le bois et promenaient autour d'eux le regard amical de leurs yeux, fixés au bout de leurs tiges. Une grive chantait à la cime d'un sapin. Tout n'était que bonheur ! Tusten participait à ce bonheur. Il le percevait ; il le comprenait.

Il abattit un gros bouleau en cette heure de joie. D'abord, il reçut dans le dos une dégoulinade de gouttes de pluie, au moment même où le tronc vacillait, avant de tomber. Puis l'arbre s'abattit, et le feuillage frémit sous l'averse. « Ce bruissement accompagnera ma mort, songea brusquement Tusten... C'est le bruissement de mon propre cœur. »

Il regarda autour de lui pour s'assurer que personne n'avait entendu la pensée qu'il avait exprimée tout haut. Un frisson de bonheur le parcourut à l'idée qu'une pensée de ce genre pouvait naître en lui. Il aurait voulu que des gens intelligents en fussent témoins, et il répéta : « C'est le bruissement de mon propre cœur quand il pleut, ajoute-t-il. Et quand les escargots grimpent sur le bois !... »

Il trouvait l'image si ravissante qu'il s'arrêta de fendre son bois, et s'assit pour murmurer encore, et encore, les mêmes mots.

Ils auraient dû les entendre, eux... tout le monde, en somme !

Tusten se sentait capable de comprendre toutes choses. Le monde de ses pensées ne connaissait plus de limites. Les troncs blancs des bouleaux brillent comme des flammes. C'est dans le bois de bouleaux que réside le secret de la vie, songeait-il. C'est là que je veux établir ma demeure !

Soudain il tressaillit, car il se surprenait à fixer du regard les sapins noirs. Comment était-il arrivé en ce lieu ? Il les considéra pendant un moment, puis se remit à son travail, y mettant toute sa force. Mais sa force n'était pas grande. La cognée lui paraissait plus lourde aussi.

L'heure de joie était passée.

Toutes les jolies phrases disparurent de sa mémoire. L'ombre des sapins chétifs s'étendait sur le bois sacré des bouleaux. Tusten se sentait las, l'esprit vide après l'ivresse passée, et le vide de son esprit s'ouvrait à l'angoisse. Il ne pouvait détacher ses regards de ces petits sapins, et, en dépit de ses efforts, il parvenait à peine à soulever sa cognée.

Il décida que s'il disait trois fois de suite : « Je n'en peux plus », il cesserait tout travail. Et aussitôt il dit les mots fatidiques trois fois de suite.

« C'est bon ! songea-t-il. Ma journée est finie. »

Il prit une branchette et l'enfonça dans le sol. « Voici un jour de passé ! Reste là pour que je ne m'embrouille pas dans mes comptes. »

Il déposa ses outils, dans l'intention de regagner la cabane, mais les choses ne se passèrent pas aussi facilement qu'il s'y attendait.

Au moment où il se levait, il entendit un bruit de rames sur la rivière. Peu après, une barque franchissait le cap.

C'était étrange... Qui pouvait bien venir à pareille heure ? Tusten attendait. Il était certain d'avance que c'était à lui qu'on en voulait. Ses vêtements humides lui parurent plus froids que jamais. Il ne devait s'attendre à rien de bon, c'était évident.

Lorsque la barque fut assez près de la rive, Tusten vit avec inquiétude que c'était le propriétaire des bois qui tenait les rames. Tusten ne pouvait interpréter la situation que d'une seule manière : l'homme n'avait aucune confiance dans les capacités de travail de Tusten, et il avait décidé de faire ce long trajet en barque, par la pluie, pour se rendre compte de ce qui en était. Tusten ne s'en étonnait pas ; il y était bien trop habitué.

L'homme amarra sa barque, et vint vers Tusten. Il était majestueux à voir, dans son long suroît, noir luisant, qui lui descendait jusqu'aux pieds. Sa supériorité était écrasante ; supériorité de l'intelligence, supériorité de la force. Ses yeux étaient de ceux qui voient aussitôt tous les détails que l'on a pu négliger. Le bois de bouleaux tout entier lui appartenait. Les arbres qu'il désignait étaient abattus aussitôt. « S'il me désigne, moi, on m'abattra de même », songea Tusten. La force qui rayonnait de cet homme l'attirait si fort qu'il fit quelques pas vers le nouvel arrivant.

Le Majestueux, l'Etincelant s'approcha d'un pas rapide.

— Bonsoir ! dit-il.

— Bonsoir ! répondit Tusten.

— Il a bien plu aujourd'hui...

— Ce n'est certainement pas pour parler de la pluie que tu es venu, riposta Tusten, presque involontairement.

L'homme resta tranquillement debout près de Tusten et dit :

— Comment les choses ont-elles marché aujourd'hui ?

— Bien, dit Tusten.

L'homme avait jeté un long regard sur le tas de bois. Ces yeux intelligents avaient apprécié le travail. Tusten serait payé par corde, de sorte qu'il n'y avait pas lieu de s'inquiéter à ce sujet ; mais l'homme désirait sans doute que la besogne fût faite en un temps raisonnable. N'avait-il pas dit qu'elle pressait ?

Le pauvre petit tas de bois de la journée s'étalait aux yeux du maître. Tusten savait bien que les hommes de l'espèce de celui qui était devant lui abattaient trois fois plus de bois quand ils entreprenaient ce travail. L'homme considérait le tas :

— Oui, oui ! fit-il.

Il ne dit pas un mot de plus, et pas un trait de son visage ne bougea.

Tusten se mit en colère, à peine ces mots prononcés. Il sentit la colère le secouer de la tête aux pieds. Il ouvrit la bouche pour dire quelque chose de blessant, mais il ne trouva pas tout de suite, et resta coi, mâchonnant et grommelant. Au fond, il n'avait rien à dire à cet homme. Il ne savait pas trop non plus de quel méfait il pouvait l'accuser. N'avait-il pas, au contraire, chargé Tusten de couper des cordes de bois ?

Tout à coup, Tusten s'effondra comme une loque.

— Oui, oui ! reprit l'homme, en considérant la ridicule besogne de Tusten.

— Eh bien ! Quoi ? fit Tusten, qui roulait les yeux jusqu'à se faire mal. J'ai l'air terrible, sans doute, songea-t-il.

L'homme ne parut pas effrayé.

— Je venais voir simplement comment tu t'en es tiré, reprit-il, sans se départir de son calme.

— Je sais bien.

— Inutile de vouloir trop en faire le premier jour.

Se moquait-il ? Où voulait-il en venir ? L'homme poursuivit :

— Si tu trouves le travail trop pénible, il vaut mieux le dire tout de suite.

Tusten fit des yeux ronds :

— Non, je ne le trouve pas trop pénible.

— Eh bien ! continue alors, tout bonnement !

— Voici le soir, opina Tusten.

Il jouait sur les mots. L'homme ne voulait pas dire qu'il fallait continuer ce soir-là. Tusten le savait bien, mais il cédait à l'envie de se montrer désagréable, de mettre l'autre en colère. Il épia, sur le visage de l'autre les signes de l'exaspération. Mais rien. Tusten en demeura tout perplexe.

Et l'homme se détourna pour s'en aller.

— Oh ! dit-il. Ce n'est pas un travail très facile.

Il voulait se montrer aimable, c'était clair, mais il ne trouvait pas l'expression qu'il cherchait. Tusten s'aperçut immédiatement que l'autre perdait un peu contenance et, du coup, il fut délivré de toute acrimonie, de toute amertume.

— Je vais t'accompagner, dit-il tout de go, sans réfléchir.

— Tu veux m'accompagner ?

— Oui. Jusqu'au bateau, dit Tusten.

Le visage de l'homme avait repris son calme :

— Mais oui, viens donc ! Mais, tu ferais mieux d'aller faire du feu dans la cabane et changer de vêtement. As-tu au moins emporté des vêtements de rechange ?

— Je t'accompagnerai d'abord au bateau ; cela me fait plaisir,

— Eh bien ! Viens !

Ils s'en allèrent côte à côte. La pluie avait cessé. Une foule de pensées assaillait Tusten, mais il ne parvenait pas à les mettre en ordre. Il marchait à côté de cet homme si grand, si fort.

— Regarde, dit-il en montrant du doigt un escargot sur un éclat de bois.

— Oui, je vois.

Tusten demanda :

— Pourquoi grimpent-ils sur le bois, dès qu'il pleut ?

L'homme hocha la tête :

— Je l'ignore.

Tusten eut un petit sursaut :

— Vraiment ? dit-il, et il ajouta, avec un brin d'orgueil : Je pourrai en poser, de ces questions.

L'homme hocha la tête derechef.

Ils arrivaient près du marais où poussaient les petits sapins. « Les revoilà encore ! » pensa Tusten.

— Il y a tant de choses, qui vous font réfléchir, s'écria-t-il avec violence.

— C'est vrai !

— Par exemple, ces petits sapins...

L'homme se sentait mal à l'aise. Toute son attitude le révélait. Les paroles de Tusten le touchaient au vif. Il dit, très vite, comme pour détourner la conversation :

— On en a coupé un récemment, à ce que je vois.

— Tiens ! fit Tusten, qui prit peur.

— Oh ! le mal n'est pas grand ! ils ne valent rien ! dit le propriétaire des bois.

Ces paroles auraient dû tranquilliser Tusten, mais elles lui firent un tout autre effet. Il se figura que la haute taille de l'homme s'allongeait encore dans son suroît noir. Il prit à ses yeux un aspect inconnu et sévère, à la lumière du soir, et Tusten n'osa plus souffler mot.

Ils arrivèrent au rivage. Tusten regarda l'homme détacher sa barque, et saisir les rames : l'inconnu se détachait sur la vaste étendue d'eau, derrière lui. Il fit à Tusten un signe d'adieu.

— Bonne nuit !

— Bonne nuit ! répéta Tusten avec dignité.

L'homme donna un vigoureux coup d'aviron ; ses mouvements exprimaient la force. L'eau jaillissait, impétueuse contre les flancs de l'embarcation, traçant un sillon derrière elle, qui la suivait pareil à tant d'autres voies mystérieuses tracées sur les flots. A présent, l'homme s'éloignait du rivage.

Tusten avait froid.

L'homme avait disparu derrière le promontoire. Tusten répéta à part lui tout ce qui avait été dit. Il avait bien coincé l'homme, à propos des escargots, lui, Tusten, et puis il l'avait accompagné au bateau. De plus, il gardait la clé. On ne la lui avait pas réclamée. Il conservait un gage. On lui permettait de poursuivre son travail de bûcheron...

Il tira l'énorme clé de sa poche.

« J'ouvrirai donc encore une fois cette porte aujourd'hui ! » dit-il à haute voix, en appuyant sur les mots.

L'odeur de fumée n'avait pas disparu dans la cabane, et bientôt le feu flamba de nouveau.

« A présent, il me faut de la chaleur et de la nourriture ! se disait Tusten. Et je n'en manque pas. Elle m'a donné du lard et une poêle à frire. » L'eau lui vint à la bouche à la pensée du lard frit. « Elle a pris tout ce que nous avions pour me le donner, et elle est restée à la maison, en face de sa cafetière. Mais sa récompense sera grande, dit-il tout haut, c'est certain ! »

Il allait et venait en préparant son souper.

« On croit que je ne m'y entends pas, mais je sais faire ! »

Il avait apporté des branches de sapin dures et sèches, ramassées sous les grands arbres. De belles flammes blanches en jaillissaient. De temps à autre un éclatement se produisait dans le tas, et des étincelles traçaient dans l'air de petites courbes lumineuses. Des flots de chaleur se répandaient dans la pièce, et se déversaient sur Tusten.

Il ôta ses vêtements les uns après les autres. Bientôt il fut tout nu.

« Quelle chance qu'il n'y ait personne aux alentours ! » songea-t-il, en s'étirant de bien-être sur son escabeau.

Il suspendit ses habits trempés aux poutres et s'assit lui-même, aussi près du feu que possible. Un peu à l'écart de la grande flambée, le lard grésillait dans la poêle. Tusten en respirait l'odeur, les narines grandes ouvertes, cependant qu'une bienfaisante chaleur lui caressait le corps.

« Eh oui ! dit Tusten, on a l'impression de renaître à une vie nouvelle ! » Et il ajouta : « Ce doit être ainsi au ciel. Là aussi, on m'appellera Mattis. Là aussi, si j'ai faim, je n'aurai qu'à me mettre à table et à manger. Pas seulement quand il fera froid, mais pendant tout l'été, je mangerai... »

TABLE DES MATIÈRES

LA PETITE VERMILLON

1.	Adrien Baillet	*Vie de Monsieur Descartes*
2.	Jean Freustié	*Auteuil*
3.	Ernst Jünger	*La Paix*
4.	Jean Lorrain	*Monsieur de Phocas*
5.	Frédéric H. Fajardie	*La Nuit des Chats bottés*
6.	Michel Déon	*Les Gens de la nuit*
7.	Henry Jean-Marie Levet	*Cartes postales*
8.	Antoine Blondin	*Certificats d'études*
9.	Eugène d'Auriac	*D'Artagnan*
10.	Ernst Jünger	*Voyage atlantique*
11.	La Rochefoucauld	*Mémoires*
12.	Madame de Lafayette	*La Princesse de Montpensier*
13.	Jean-Claude Pirotte	*Un été dans la combe*
14.	Richard Millet	*Le Sentiment de la langue*
15.	Barbey d'Aurevilly	*Memoranda*
16.	Frédéric H. Fajardie	*Tueurs de flics*
17.	Tarjei Vesaas	*Le Vent du nord*
18.	Gabriel Matzneff	*Nous n'irons plus au Luxembourg*
19.	Arnould de Liedekerke	*Talon rouge*
20.	Paul Valéry	*Vues*

Cet ouvrage reproduit par procédé photomécanique
a été achevé d'imprimer sur presse CAMERON
dans les ateliers de la S.E.P.C.
à Saint-Amand (Cher), en septembre 1993

N° d'Édition : 2710. N° d'Impression : 1983.
Dépôt légal : mars 1993.

Imprimé en France